CADERNO DE ATIVIDADES

Organizadora: Editora Moderna
Obra coletiva concebida, desenvolvida
e produzida pela Editora Moderna.

Editora Executiva:
Mônica Franco Jacintho

5ª edição

© Editora Moderna, 2018

MODERNA

Elaboração de originais

Camila dos Santos Ribeiro
Bacharel em Letras pela Universidade de São Paulo.
Mestre em Letras pela Universidade de São Paulo. Editora.

José Gabriel Arroio
Bacharel e Licenciado em Letras pela Faculdade de Filosofia, Ciências e Letras Nossa Senhora Medianeira. Editor.

José Paulo Brait
Bacharel e licenciado em Letras pela Faculdade Ibero-Americana de Letras e Ciências Humanas. Editor.

Mônica Franco Jacintho
Bacharel em Comunicação Social pela Escola de Comunicações e Artes da Universidade de São Paulo. Editora.

Regiane de Cássia Thahira
Bacharel em Letras pela Universidade de São Paulo.
Bacharel em Comunicação Social pela Universidade Metodista de São Paulo. Editora.

Glaucia Amaral de Lana
Pós-graduada em Comunicação Social pela Universidade de São Paulo.
Bacharel em Letras pela Universidade Estadual Paulista "Júlio de Mesquita Filho". Editora.

Ana Santinato
Licenciada em Letras pela Pontifícia Universidade Católica de Campinas.
Bacharel em Comunicação Social pela Pontifícia Universidade Católica de Campinas.

Ariete Alves de Andrade
Licenciada em Letras pela Pontifícia Universidade Católica de Campinas.

Benedicta Aparecida dos Santos
Mestre em Filologia e Língua Portuguesa pela Universidade de São Paulo.

Fernando Cohen
Bacharel e Licenciado em Letras pela Universidade de São Paulo.
Mestre em Literatura Brasileira pela Universidade de São Paulo.

Tatiana Fadel
Bacharel em Letras pela Universidade Estadual de Campinas.

Coordenação editorial: Mônica Franco Jacintho, Glaucia Amaral de Lana
Edição de texto: José Gabriel Arroio, José Paulo Brait, Mônica Franco Jacintho
Assistência editorial: Solange Scattolini
Gerência de *design* e produção gráfica: Sandra Botelho de Carvalho Homma
Coordenação de produção: Everson de Paula, Patrícia Costa
Suporte administrativo editorial: Maria de Lourdes Rodrigues
Coordenação de *design* e projetos visuais: Marta Cerqueira Leite
Projeto gráfico e capa: Daniel Messias, Otávio dos Santos
Pesquisa iconográfica para capa: Daniel Messias, Otávio dos Santos, Bruno Tonel
Fotos: Helena Schaeder Söderberg/Getty Images
Coordenação de arte: Carolina de Oliveira
Edição de arte: Edivar Goularth
Editoração eletrônica: Estação das Teclas Editorial Ltda-ME
Coordenação de revisão: Elaine C. del Nero
Revisão: Érika Kurihara, Renata Palermo
Coordenação de pesquisa iconográfica: Luciano Baneza Gabarron
Pesquisa iconográfica: Cristina Mota
Coordenação de *bureau*: Rubens M. Rodrigues
Tratamento de imagens: Fernando Bertolo, Joel Aparecido, Luiz Carlos Costa, Marina M. Buzzinaro
Pré-impressão: Alexandre Petreca, Everton L. de Oliveira, Marcio H. Kamoto, Vitória Souza
Coordenação de produção industrial: Wendell Monteiro
Impressão e acabamento: Forma Certa Gráfica Digital
Lote: 788075

Dados Internacionais de Catalogação na Publicação (CIP)
(Câmara Brasileira do Livro, SP, Brasil)

Araribá plus : português: caderno de atividades / organizadora Editora Moderna ; obra coletiva concebida, desenvolvida e produzida pela Editora Moderna ; editora executiva Mônica Franco Jacintho — 5. ed. — São Paulo : Editora Moderna, 2018.

Obra em 4 v. para alunos do 6º ao 9º ano.

1. Português (Ensino Fundamental) I. Moderna, Editora. II. Jacintho, Mônica Franco.

18-16663   CDD-372.6

Índices para catálogo sistemático:
1. Português : Ensino Fundamental   372.6
Maria Alice Ferreira – Bibliotecária – CRB-8/7964

ISBN 978-85-16-11347-6 (LA)
ISBN 978-85-16-11348-3 (LP)

Reprodução proibida. Art. 184 do Código Penal e Lei 9.610 de 19 de fevereiro de 1998.
Todos os direitos reservados
EDITORA MODERNA LTDA.
Rua Padre Adelino, 758 – Belenzinho
São Paulo – SP – Brasil – CEP 03303-904
Vendas e Atendimento: Tel. (0_ _11) 2602-5510
Fax (0_ _11) 2790-1501
www.moderna.com.br
2024
Impresso no Brasil

1 3 5 7 9 10 8 6 4 2

Imagem de capa
As imagens da capa formam uma composição que ressalta o papel dos recursos analógicos e digitais, verbais e não verbais, que podem contribuir para a expressão de ideias e sentimentos.

APRESENTAÇÃO

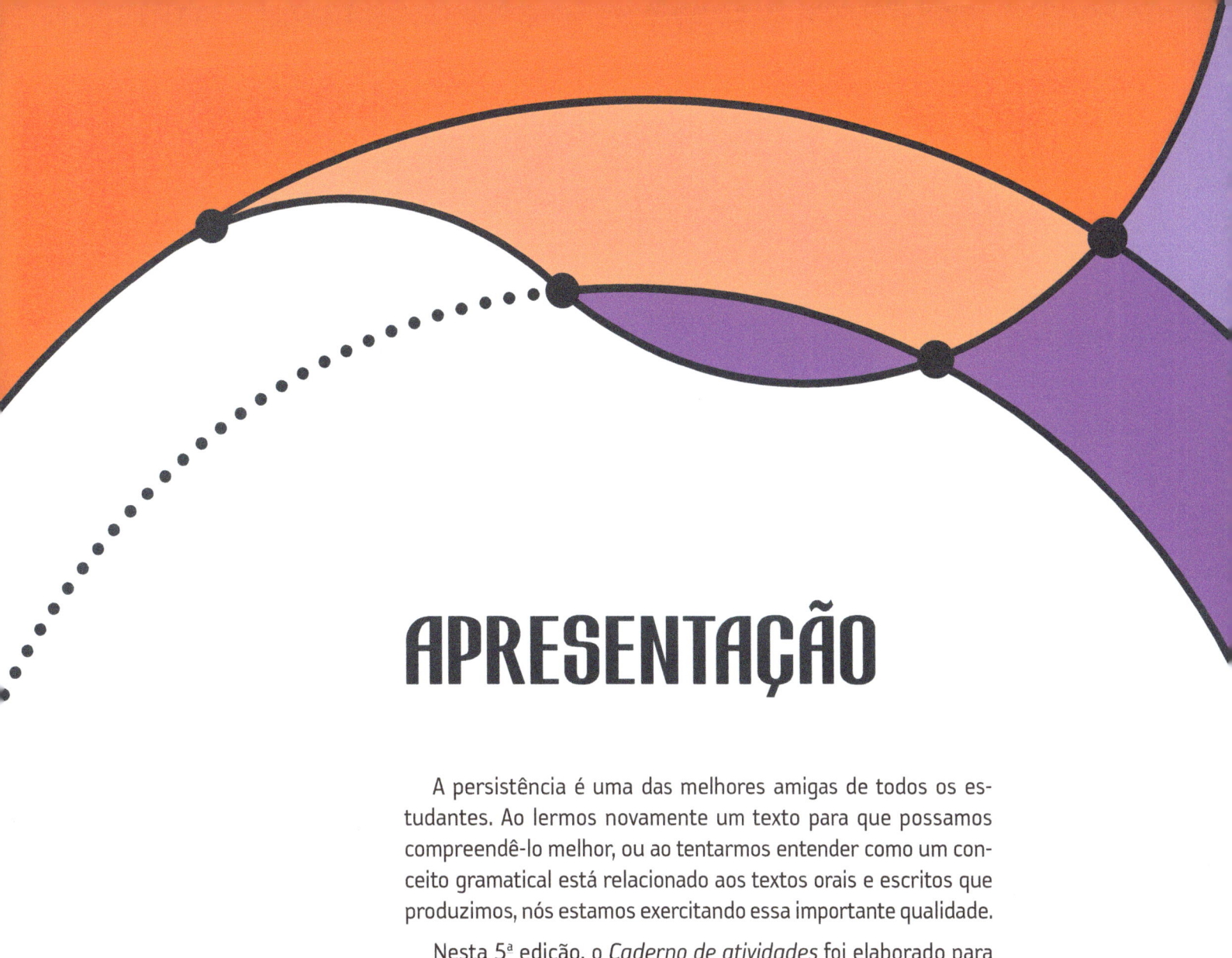

A persistência é uma das melhores amigas de todos os estudantes. Ao lermos novamente um texto para que possamos compreendê-lo melhor, ou ao tentarmos entender como um conceito gramatical está relacionado aos textos orais e escritos que produzimos, nós estamos exercitando essa importante qualidade.

Nesta 5ª edição, o *Caderno de atividades* foi elaborado para ajudar você a revisar o que aprendeu de gramática desde o 3º ano e praticar o conteúdo do 6º ao 9º ano.

Preparamos resumos e atividades para que você possa estudar de forma objetiva e eficiente. E procuramos elaborar atividades com textos interessantes e divertidos para que seus momentos de estudo possam ser ainda mais ricos. Aproveite este *Caderno de atividades* para fixar o que já aprendeu e para aprender conceitos novos!

SUMÁRIO

ORTOGRAFIA

1. Grafia com c/ç e com ss/s, 8
2. Fonemas /z/, /s/, /ks/, /ʃ/, 11
3. Grafia com j/g, 14
4. Grafia com o/u e com u/l/o, 15
5. Grafia com e/i, 16
6. Palavras com h inicial, 17

ACENTUAÇÃO, PONTUAÇÃO E OUTRAS NOTAÇÕES

1. Acentuação de oxítonas, paroxítonas e proparoxítonas, 20
2. Crase, 22
3. Sinais de pontuação. Pontuação nos períodos simples e composto, 29

MORFOSSINTAXE

1. Sujeito e predicado. Adjunto adnominal. Predicativo do sujeito. Predicados nominal e verbal. Objetos direto e indireto. Adjunto adverbial, 38
2. Predicativo do objeto. Predicado verbo-nominal. vozes verbais, 46
3. Regência verbal e regência nominal, 52
4. Oração e período, 59
5. Orações coordenadas e conjunções coordenativas, 61
6. Período composto por subordinação. Orações subordinadas substantivas, 68

COESÃO

1. Pronomes e coesão referencial, 74
2. Locuções prepositiva e conjuntiva, 82
3. Expressões conectivas e outros elementos coesivos, 85

AS PALAVRAS E SEUS SIGNIFICADOS

1. Palavras primitivas, compostas e derivadas, 92
2. Emprego do hífen na formação de palavras, 95

OUTROS RECURSOS

1. Paráfrase, 104
2. Estratégias argumentativas, 112

ORTOGRAFIA

1. GRAFIA COM C/Ç E COM SS/S 8
2. FONEMAS /Z/, /S/, /KS/, /ʃ/ 11
3. GRAFIA COM J/G 14
4. GRAFIA COM O/U E COM U/L/O 15
5. GRAFIA COM E/I 16
6. PALAVRAS COM H INICIAL 17

ORTOGRAFIA

1. GRAFIA COM C/Ç E COM SS/S

1. Encontre no diagrama palavras que tenham as letras **s**, **ss** e **ç** e copie-as nas colunas correspondentes do quadro. Depois, responda às questões.

N	E	C	E	S	S	Á	R	I	O	A	Ç	Ú	C	A	R
A	S	S	O	M	B	R	A	D	O	O	E	H	X	T	A
S	C	O	M	A	Ç	A	N	E	T	A	L	A	S	O	X
C	A	S	A	S	A	Ç	U	D	E	P	F	D	V	C	E
S	S	S	R	S	B	A	O	I	M	A	C	O	I	S	A
T	O	O	C	A	S	A	C	O	C	A	B	E	Ç	A	B
S	P	Z	D	E	S	O	B	E	D	I	E	N	T	E	A
P	P	E	S	Q	U	I	S	A	A	S	U	D	E	K	Ç
D	S	X	Á	S	S	A	U	O	T	S	F	O	S	S	O
O	B	S	A	D	Q	R	I	O	E	O	D	F	G	J	H

Coluna 1 Palavras com **s**	Coluna 2 Palavras com **ss**	Coluna 3 Palavras com **ç**

a) Pronuncie em voz alta as palavras que você escreveu nas três colunas. O que é possível perceber em relação à sonoridade delas?

_____

_____

_____

b) Observe as palavras escritas com **ç**. Que vogais estão logo após essa consoante?

_____

c) Comparando as palavras **acerola** e **docinho** com aquelas que você escreveu na coluna 3, o que se pode afirmar em relação ao uso da letra **ç**?

_____

_____

2. Leia as palavras do quadro em voz alta.

aço	baço	buço	açude	raça	caçula
praça	açucena	alçada	calçada	laçada	palhaço
celeiro	ciúme	aceitar	parceiro	ocidente	cédula
oceano	cerâmica	cetim	decente	acebolado	civil

Nessas palavras, as letras **c** e **ç** são representadas pelo mesmo fonema. Qual? _____

3. Para fixar bem a regra do uso do **c** e do **ç**, complete os espaços com essas letras.

li____ões	on____a	a____elerar	denti____ão
a____éfalo	a____enar	á____ido	doen____a
a____ima	embara____o	a____ém	baga____o
len____ol	a____elga	a____eitar	can____ão
a____eso	a____idente	fa____anha	caro____o

4. Observe atentamente as palavras deste outro quadro, analise as afirmativas seguintes e marque **V** (verdadeiro) ou **F** (falso).

semana	sentir	sala	sapato	sereno
simples	bolsa	imenso	manso	aniversário
cansado	corsário	ensolarado	pensamento	segredo
travessa	passo	passarela	passarinho	passaredo
possível	possibilidade	girassol	assegurar	sussurro
assado	possante	presságio	pêssego	sossego

( ) Usamos **ss** no meio das palavras, entre quaisquer letras.
( ) Usamos **ss** apenas entre vogais.
( ) Usamos **s** só no início das palavras.
( ) Nunca usamos **ss** depois de **l**, **r** ou **n**.
( ) O **s** entre vogais tem som de /z/.

5. Leia o texto para responder às questões seguintes.

Pitágoras de Samos

Pitágoras nasceu por volta de 580 a.C. na ilha de Samos, no mar Egeu, e passou parte da vida no sul da Itália.

Ele e seus alunos fizeram muitas descobertas em Matemática, Filosofia e Astronomia. Sabiam que a Terra é redonda e se move ao redor do Sol. O nome Matemática, que significa "tudo se aprende", foi criado por Pitágoras e seus discípulos.

Da pessoa de Pitágoras não sabemos quase nada. Ele e seus discípulos não deixaram nenhum trabalho escrito. Por isso ninguém sabe o que é obra do próprio Pitágoras e o que foi inventado por seus alunos.

"O número dirige o Universo", diziam Pitágoras e seus seguidores, conhecidos como pitagóricos. Com essa frase, queriam dizer que tudo que existe na natureza pode ser explicado através dos números naturais.

Oscar Guelli. *Contando a história da Matemática.*
São Paulo: Ática, 1993. v. 6, p. 28. (Adaptado).

a) Retire do texto palavras escritas inicialmente com a letra **s**.

_____

_____

b) Extraia do texto palavras grafadas com **ss**.

_____

_____

c) Compare essas palavras escritas com **ss**, que você respondeu no item **b**, com as afirmativas verdadeiras da questão 4. Constata-se a mesma coisa? Reescreva a conclusão.

_____

d) Transcreva do texto palavras que têm o som /s/ entre vogais, mas não são escritas com **ss**.

_____

e) Pronuncie a palavra **filosofia**. Observe que a letra **s** está entre vogais, mas não tem o mesmo som da palavra **pessoa**, por exemplo. Por quê?

_____

f) Na palavra **nasceu**, as letras **sc** também representam o fonema /s/. Escreva outras cinco palavras — que não estão presentes no texto — com a mesma grafia e a mesma sonoridade.

___

2. FONEMAS /Z/, /S/, /KS/, /ʃ/

6. Complete as lacunas com **s** ou **z**.

li____o	ali____ar	mole____a	vi____inho
ga____o____o	fra____e	fa____er	blu____a
de____ejo	rique____a	certe____a	ra____ão
pra____er	reali____ar	te____oura	parali____ar
va____amento	prince____a	pu____er	alfa____ema
fanta____ia	pure____a	ro____a	limpe____a

7. As letras **s** e **z** são diferentes, mas sua sonoridade é a mesma. Elas representam o mesmo fonema. Qual?

___

8. Para responder às questões seguintes, observe atentamente a grafia das palavras do quadro abaixo e pronuncie-as bem devagar.

acaso	formoso	gulosa	exame	exato	raposa
baliza	cozinha	amizade	exaltado	exemplo	azedo

a) O que é possível perceber em relação à pronúncia dessas palavras?

___

b) Quanto à grafia, quais letras representam o mesmo fonema?

___

9. Complete as lacunas com **s**, **z** ou **x**.

fanta______iar	e______ibição	desli______e	va______io
e______ultante	bu______ina	análi______e	e______austor
e______ame	a______ar	atra______ar	fa______enda
e______agerar	cateque______e	a______ia	catequi______ar
e______ôfago	e______ecutivo	do______agem	e______ercício
ape______ar	e______altar	e______ecutar	ca______ebre

10. **Na questão anterior, verificamos o fonema /z/ representado pela letra x. Agora, pronuncie em voz alta as palavras abaixo para responder às questões seguintes.**

ROBSON ARAUJO

xícara	abacaxi	bexiga

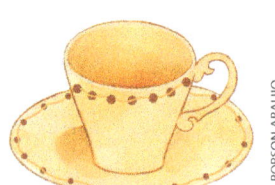

a) O som dessas três palavras é igual? Que som é esse?

____

____

____

b) Comparando essas palavras com **exame**, **exato** e **executivo**, o que é possível concluir?

____

____

____

____

11. **Embora todas as palavras seguintes sejam escritas com x, elas apresentam quatro sonoridades diferentes, representadas pelos fonemas: /ʃ/, /z/, /s/, /ks/. Pronuncie-as em voz alta e agrupe-as nas diferentes colunas.**

expectativa	extensão	êxodo	texto	bruxa	xereta
intoxicação	expandir	laxativo	extremo	xingar	exato
examinador	exaltado	maxixe	excursão	exumar	tóxico
quixotesco	expulsão	exausto	expelir	flexão	táxi
explicação	convexo	léxico	exímio	bexiga	boxe

Coluna 1 Fonema /ʃ/	Coluna 2 Fonema /z/	Coluna 3 Fonema /ks/	Coluna 4 Fonema /s/

12. Como verificamos na coluna 1 da questão 11, as palavras foram grafadas com **x** e têm o som de **ch**, representado pelo fonema /ʃ/. Esse mesmo fonema pode também representar o próprio **ch**. Complete os espaços com **x** ou com **ch**.

____a____im	____ave	____ávena	____ale	pei____aria
maca____eira	fe____adura	____apéu	____u____u	ca____imbo
ma____ado	____alé	me____erico	bo____e____a	li____o
fle____a	lu____uoso	____icote	____ilindró	en____ada
lu____uoso	fa____ina	o____alá	____adrez	ma____i____e

13. Use palavras com **x** ou **ch** para completar os itens abaixo.

a) utensílio para beber café: _____

b) sabão líquido para lavar os cabelos: _____

c) remédio para tosse: _____

d) falar em voz baixa: _____

e) contrário de fêmea: _____

f) lugar de onde sai a fumaça: _____

g) escrever em muros ou paredes: _____

h) aliviar a tensão: _____

i) limpeza geral: _____

j) o que não está aberto: _____

3. GRAFIA COM J/G

14. Pronuncie estas palavras, observando sua grafia.

jato	jorro	juta
gato	gorro	guta

a) Elas têm a mesma pronúncia? É possível confundi-las?

_____

b) Tanto a letra **j** quanto a letra **g**, nessas palavras, são seguidas de que vogais?

_____

15. Leia em voz alta estas outras palavras.

gente	jenipapo	girafa	jiboia

a) As letras iniciais delas têm a mesma pronúncia? Ao escrever as palavras, é possível confundir essas letras?

_____

b) Tanto a letra **j** como a letra **g**, nessas palavras, apresentam as mesmas vogais na sequência. Quais?

_____

16. Complete as lacunas das palavras abaixo com **g** ou **j**.

___ejum	o___eriza	a___itado	ori___em	___egue
gor___eta	berin___ela	___eito	___esto	en___iva
___igante	___iló	___iz	verti___em	ti___ela
pa___em	laran___eira	man___edoura	pa___é	___eleia
reló___io	falan___e	ma___estade	tra___e	___ibi

17. Responda às questões usando palavras com **g** ou **j**.

a) nome da árvore que dá cereja: _____

b) objeto usado para escrever na lousa: _____

c) pequena gratificação em dinheiro: _____

d) água em estado sólido: _____

e) canto de alguns pássaros: _____

f) revista com histórias em quadrinhos: _____

g) doce feito com calda e polpa de frutas: _____

h) parte amarela do ovo: _____

i) abstinência total ou parcial de alimentos: _____

j) árvore que produz o jenipapo: _____

k) serpente sem veneno, da mesma família da sucuri: _____

l) forma larval dos anfíbios: _____

m) objeto que informa as horas: _____

18. Observe a grafia das palavras destacadas nas frases seguintes. A que classe gramatical elas pertencem?
A **viagem** para a casa de meus avós foi fantástica.
Quero que todos **viajem** com cinto de segurança.

_____

19. Complete as frases com **viagem** ou **viajem**.

a) É interessante que todos _____ de trem.

b) Aquela linda _____ será lembrada para sempre.

c) Que bela _____ fizemos no final do ano!

d) Talvez eles _____ a Minas Gerais no mês que vem.

4. GRAFIA COM O/U E COM U/L/O

20. Leia as frases em voz alta, preste atenção às palavras destacadas e marque **V** (verdadeiro) ou **F** (falso) nas afirmativas.

a) Minha sala é larga e **comprida**.
b) A tarefa foi **cumprida** em tempo hábil.
c) O alarme da fábrica parou de **soar** às 19 horas.
d) Os atletas começaram a **suar** logo no início da corrida.
e) Adoro **calda** de chocolate.
f) Veja a **cauda** daquele cachorro.

Em relação aos exemplos dados, constata-se que:
( ) na fala, as letras **o**, **u** e **l** apresentam sons muito semelhantes.
( ) na fala, é comum a letra **o** ser confundida com a letra **u**.
( ) é raro as pessoas confundirem essas letras na fala.
( ) dificilmente as pessoas pronunciam distintamente **o** e **u**.
( ) a pronúncia de **calda** é a mesma de **cauda**, mas a grafia e o significado são diferentes.
( ) na escrita, empregar **o**, **u** ou **l** é indiferente.

21. Complete as lacunas com **o** ou **u**.

t____alha	táb____a	t____ssir	m____ela
s____vina	caç____ar	tab____leiro	b____lir
g____ela	p____lir	cap____eira	cam____ndongo
ass____ar	m____leta	rég____a	c____rtiça
jab____ti	b____eiro	búss____la	s____papo

22. Complete as lacunas com **u** ou **l**.

a____ditório	fabri____	a____rora	a____xiliar	berimba____
angelica____	minga____	formidáve____	a____teza	a____moço
a____tura	e____foria	radica____	reso____veu	a____mento
teatra____	perna____ta	a____toria	especia____	a____face

5. GRAFIA COM E/I

23. Complete as frases com uma das palavras do quadro.

imergir	privilégio	cadeado	perigo
emergiu	umedecer	empecilho	disenteria
arrepio	periquito	mexerica	pátio

a) Enfrentei um grande _____ para conseguir a promoção.

b) Comeu queijo estragado e teve _____.

c) Aquele filme de terror me causou _____.

d) A fruta de que ela mais gosta é _____.

e) O mergulhador _____ do mar com fortes câimbras.

f) Corajoso, André decidiu _____ na água gelada do rio.

g) Todos os alunos devem permanecer no _____ da escola.

h) Cuidado! _____ à frente.

i) Quem for viajar deve pôr _____ na mala.

j) É preciso _____ a terra desse vaso diariamente.

k) Gosto muito de pássaros, mas meu preferido é o _____.

l) Aprender muito e tirar boas notas é _____ de quem estuda.

6. PALAVRAS COM H INICIAL

24. Complete os espaços com **h** onde for necessário.

____umor	____aste	____umano	____erva	____érnia
____ora	____onda	____úmido	____élio	____emisfério
____elegante	____iena	____onesto	____ilha	____erbívoro
____omelete	____orta	____erança	____êxito	____orizonte
____óspede	____orror	____inocente	____esitar	____ino

25. Observe o quadro e marque **V** (verdadeiro) ou **F** (falso).

Bahia	baiano	palha	inverno	ninho	baianismo
erva	herbívoro	chamuscado	hibernar	hibernação	herbáceo

( ) O nome do estado da **Bahia** é escrito com **h**, assim como todos os seus derivados.

( ) Palavras derivadas de **erva** que apresentam a letra **b** sempre iniciam com **h**.

( ) Todas as palavras derivadas de **inverno** são iniciadas com **h**.

( ) A letra **h** inicial não tem som em português.

ACENTUAÇÃO, PONTUAÇÃO E OUTRAS NOTAÇÕES

1. ACENTUAÇÃO DE OXÍTONAS, PAROXÍTONAS E PROPAROXÍTONAS 20
2. CRASE 22
3. SINAIS DE PONTUAÇÃO. PONTUAÇÃO NOS PERÍODOS SIMPLES E COMPOSTO 29

ACENTUAÇÃO, PONTUAÇÃO E OUTRAS NOTAÇÕES

1. ACENTUAÇÃO DE OXÍTONAS, PAROXÍTONAS E PROPAROXÍTONAS

Os **monossílabos tônicos** são acentuados quando terminados em **a(s)**, **e(s)**, **o(s)**.

As **oxítonas** recebem acento gráfico quando terminadas em **a(s)**, **e(s)**, **o(s)** e **em(ns)**.

As **paroxítonas** são acentuadas quando terminadas em: **-r**, **-ps**, **-n**, **-l**, **-x**; **-i**, **-is**, **-us**; **-ã(s)**, **-ão(s)**; **-ei(s)**; **-um(ns)**.

Todas as **proparoxítonas** levam acento gráfico.

Quando a sílaba tônica de uma palavra é a última, essa palavra é chamada **oxítona**; se for a penúltima, **paroxítona**; se for a antepenúltima, **proparoxítona**.

Observações:

- As vogais **i** e **u**, quando são tônicas e formam hiato com a vogal que as antecede, são acentuadas quando ficam sozinhas na sílaba ou acompanhadas de **s**.
- Também levam acento gráfico as palavras com mais de duas sílabas terminadas em ditongo crescente que admite ser pronunciado como hiato.
- Os ditongos abertos **-éi**, **-éu** e **-ói**, seguidos ou não de **s**, são graficamente acentuados nas oxítonas. Mas nas paroxítonas não são acentuados.

1. Assinale a alternativa em que todas as palavras estão acentuadas de acordo com as normas ortográficas.
    ( ) **a)** jiboia – saida – heroísmo
    ( ) **b)** estreia – ruínas – egoísmo
    ( ) **c)** países – armazens – troféu
    ( ) **d)** farois – sanduíche – feiura
    ( ) **e)** papéis – usufruíram – assembléia

2. Assinale as alternativas corretas quanto à acentuação gráfica. Em seguida, reescreva as frases não assinaladas, considerando a flexão dos verbos no presente do indicativo de acordo com a gramática normativa.
    ( ) **a)** Não tenho aula hoje, mas Bia e Jô têm.

    ( ) **b)** Alguns lêem livros, mas há quem não goste do que lê.

    ( ) **c)** Ela vê as qualidades dos outros, mas eles não veem as dela.

( ) **d)** João cre no que diz; Pedro e Paulo não crêem no que ouvem.

( ) **e)** Ivan sempre vem aqui de bicicleta; seus amigos vêm de carro.

3. Leia este texto que fala de um documentário que estreou nos Estados Unidos, mas ainda não no Brasil. Nele há 12 palavras cujos acentos gráficos foram retirados propositalmente.

Documentário busca na vida de Elvis Presley razões da decadência dos EUA

"The King" traça paralelo entre a ascensão e queda do astro do *rock* e a derrocada moral do país

Danielle Brant

NOVA YORK – Os Estados Unidos estão descendo a ladeira e não têm um amigo para avisar, assim como Elvis Presley não encontrou uma boa alma que o ajudasse a evitar o vexame perto do fim da carreira.

O paralelo entre a ascensao e decadencia do país e a do rei do *rock* move o documentário "The King", de Eugene Jarecki, que estreou nos cinemas americanos em 22 de junho.

[...]

Nele, os produtores seguem a trilha do primeiro astro a se tornar arma de propaganda em massa americana. Não em um meio comum, mas a bordo do Rolls-Royce 1963 de Elvis.

"The King" foi bem recebido pela imprensa americana, principalmente por associar a falencia de valores fundamentais do país, como liberdade e retidao, ao presidente Donald Trump, com quem os principais veiculos de comunicaçao trocam farpas publicas.

[...]

O longa percorre os cenarios da trajetória de Elvis segundo a cronologia de sua vida.

A primeira parada é, assim, sua cidade natal, Tupelo, no Mississippi, um dos estados com maiores indices de pobreza do país — em 2016, 20% dos habitantes eram pobres, de acordo com o censo.

A situação não era muito diferente em 1935, quando o cantor nasceu. [...] Para a família de Elvis, os dias foram complicados e marcados por mudanças de casas.

Aos 13, foi morar com os pais em Memphis, Tennessee. Lá, entrou em contato com a música negra que ganhava força no pós-Guerra, em meio à tensão racial que crescia nos EUA.

O sistema educacional americano falido é o tema que se desenvolve em Memphis.

É também nessa parte que Elvis surge, na visão de ativistas negros, como exemplo gritante de apropriação cultural, debate que então não existia. Era o rosto branco que a industria fonografica queria para lucrar com a música negra.

[...]

Disponível em: <https://www1.folha.uol.com.br/ilustrada/2018/07/documentario-busca-na-vida-de-elvis-presley-razoes-da-decadencia-dos-eua.shtml>. Acesso em: 2 nov. 2018. (Fragmento adaptado para fins didáticos).

a) Sublinhe as palavras do texto em que faltam os acentos gráficos, copie-as aqui e acentue-as corretamente.

_____

_____

_____

_____

_____

b) Considerando que não há monossílabos tônicos na tabela abaixo, responda: quanto à posição da sílaba tônica, como são classificadas essas palavras? Complete a primeira linha da tabela.

c) Depois, preencha as colunas dessa tabela com as 12 palavras que você copiou no item **a**, conforme essa classificação.

Acento na última sílaba:	Acento na penúltima sílaba:	Acento na antepenúltima sílaba:

2. CRASE

Crase é a fusão de duas vogais idênticas. Esse fenômeno fonético (da língua falada) é representado na escrita por acento grave.

Casos principais em que ocorre crase

- Diante da preposição **a** (exigida pela regência do verbo) + artigo feminino **a(s)**:
  Fomos à capital do Tocantins.
- Diante da preposição **a** (exigida pelo substantivo, adjetivo ou advérbio) + artigo feminino **a(s)**:
  Essa ação da empresa traz benefício às funcionárias.

- Diante da preposição **a** (exigida pelo verbo ou pelo substantivo, adjetivo, advérbio) + pronomes demonstrativos **aquele(s), aquela(s), aquilo**:
  *Somos contrários **àquele** regulamento arbitrário.*
- Diante da preposição **a** (exigida pelo adjetivo) + pronome demonstrativo **a(s)**:
  *Algumas feiras de hoje são semelhantes **às** do passado.*
- Diante da preposição **a** (exigida pela regência do verbo) + pronome relativo **a(s) qual(is)**:
  *Vou enumerar as novidades **às quais** me referi.*

Alguns casos em que não ocorre crase
- Antes de palavra masculina, exceto os pronomes **aquele(s)** e **aquilo**:
  *Passeei **a** pé pelo bairro.*
- Antes de verbo no infinitivo:
  *Comecei **a** escrever o texto ontem.*
- Entre palavras repetidas:
  *Revi o texto linha **a** linha.*
- Diante de palavra no plural com sentido genérico:
  *Vamos **a** festas frequentemente.*
- Antes de pronomes pessoais e expressões de tratamento:
  *Pedi desculpas **a** ela pelo atraso.*

Alguns casos facultativos ou especiais de crase
- Diante de nomes próprios femininos, o uso é opcional:
  *Ela ficou muito agradecida **a** (ou **à**) Isabel.*
- Diante de pronomes possessivos, o uso é opcional:
  *A diretora entregou o prêmio **a** (ou **à**) nossa equipe.*
- Nomes femininos que designam lugares nem sempre admitem artigo (portanto, sem crase):
  Cuba — *Vou **a** Cuba.*
  a Bélgica — *Vou **à** Bélgica.*
  Observação: ocorrerá crase se o nome do lugar vier determinado:
  *Viajarei **à** Cuba de Fidel.*
- Em muitas locuções femininas ocorre a crase, por serem elas introduzidas pela preposição **a** e admitirem artigo, ou por necessidade de clareza:
  ***Às** vezes ele aparece aqui.*
  *O espetáculo terá início **às** vinte horas.*
  Observação: o acento identificador é empregado em frases como "Espero você às duas", em que a palavra **horas** está subentendida.
- Sempre haverá crase nas expressões **à moda de** e **à maneira de**, mesmo quando subentendidas:
  *Ela escreve **à** (maneira de) Clarice Lispector.*
  *Pedi um bife **à** milanesa (moda de Milão).*

1. Leia a continuação do texto que trata da vida de Elvis Presley, um astro do *rock* nos Estados Unidos e no mundo.

> [...]
> Ainda no Tennessee, mas já em Nashville, [Elvis Presley] é apresentado à ganância, na figura do empresário Tom Parker, que fixou em contrato o direito a metade do que o astro ganhava.
>
> A essa altura da história, a indústria do entretenimento crescia, e o país deixava de ser essencialmente agrícola.
>
> O Rolls-Royce se desloca, então, para Nova York, e a discussão, para como o país foi erguido à base do genocídio indígena e da mão de obra escrava.
>
> É o começo do fim da democracia americana — e é nesse contexto que surge Trump.
>
> No início do documentário, ainda restam dúvidas sobre a capacidade de derrotar Hillary Clinton em 2016. Do meio para o final do longa, com o resultado das eleições vem a melancolia — a mesma dos olhos de Elvis.
>
> [...]
> A parte final se concentra na decadência — dele e dos EUA. Após anos moldando-se às regras de Hollywood, Elvis vira uma figura ultrapassada.
>
> Nesse meio-tempo, casa-se com Priscilla Presley, com quem teve a única filha, Lisa-Marie. Acostumado à histeria dos fãs, Elvis teve que se adaptar ao novo cenário que se desenhou com a ascensão dos Beatles, nos anos 1960.
>
> Divorciado de Priscilla desde 1973, torna-se cada vez mais autodestrutivo — até ser encontrado morto, em 1977, no banheiro de Graceland, sua mansão em Memphis. Tinha tido um ataque cardíaco.
>
> Os fatos se alinham no discurso de Jarecki para mostrar que os EUA também estão nas últimas: [...] os ataques do 11 de Setembro, a guerra no Iraque, a devastação do furacão Katrina, a crise financeira de 2008. [...]
>
> Para o documentário, o rei e os EUA estão mortos.
>
> Disponível em: <https://www1.folha.uol.com.br/ilustrada/2018/07/documentario-busca-na-vida-de-elvis-presley-razoes-da-decadencia-dos-eua.shtml>. Acesso em: 2 nov. 2018.

a) Sublinhe as palavras proparoxítonas do texto. Quais são elas?

b) Reescreva a expressão "apresentado à ganância", no primeiro parágrafo, substituindo a palavra **ganância** por **desejo excessivo por bens e riqueza**.

c) Ao reescrever a expressão do item **b**, a crase foi mantida na substituição? Por quê?

d) O terceiro parágrafo apresenta um caso de crase. Qual é ele?

e) Releia esta frase do sexto parágrafo: "Após anos moldando-se às regras de Hollywood, Elvis vira uma figura ultrapassada". Explique por que foi usada a crase nesse caso.

f) Como ficaria a construção se, na frase do item **e**, o termo **regras** fosse substituído pelas palavras **norma** ou **mandamentos**? Reescreva essa frase.

g) Explique a ocorrência da crase em "acostumado à histeria dos fãs", no sétimo parágrafo.

2. Leia a tira.

a) Releia o pensamento de Hagar no primeiro quadrinho. A que classe de palavras pertence o termo **a** de "parece **a** minha mãe"?

b) Suponha que, em uma aula a respeito de crase, um aluno tenha dito o seguinte: "Na frase 'parece a minha mãe', o **a** não está acentuado porque antecede um pronome possessivo e a indicação de crase é opcional". A explicação do aluno estaria correta? Justifique sua resposta.

c) Em relação à ocorrência da crase na construção "não obedecia à minha mãe", no último quadrinho da tira, é **correto** afirmar que:

( ) I. é opcional por anteceder um pronome.

( ) II. é obrigatória, pois **obedecer** é transitivo indireto e exige a preposição **a**.

( ) III. é incorreta, já que o pronome possessivo **minha** não admite artigo.

( ) IV. é opcional; embora **obedecer** seja transitivo indireto regido pela preposição **a**, o pronome possessivo **minha** pode dispensar o artigo **a**.

3. Leia esta tira.

QUADRINHOS QUADRADOS   Paulo Cesar Efe

a) Qual é o sentido da expressão **à vista** nessa tira?

_____

_____

b) As afirmações a seguir se referem à palavra **terra**. Analise-as indicando se são verdadeiras (V) ou falsas (F).

( ) I. Quando a palavra **terra** é empregada com o sentido de "terra firme", não ocorre crase.

( ) II. Na construção "Voltou à terra natal", a ocorrência de crase se deve ao fato de a palavra **terra** estar especificada.

( ) III. A palavra **terra** também pode significar "planeta". Na frase "Os astronautas voltaram a Terra", não ocorre crase porque o sentido da palavra não é um fator que determina a ocorrência da contração entre preposição e artigo.

c) Agora, justifique por que você assinalou como falsa(s) a(s) alternativa(s) do item **b**.

_____

_____

_____

4. Assinale a opção em que o **a** destacado nas duas frases deve receber acento grave indicativo de crase.

( ) **a)** Fui **a** farmácia ontem. / Pediram silêncio **a** todos.
( ) **b)** Começaram **a** pular de alegria. / Todos **a** aplaudiram com entusiasmo.
( ) **c)** O trabalho deve ser feito **a** tinta. / Pouco **a** pouco eles foram chegando.
( ) **d)** Assisti **a** um jogo da seleção de vôlei. / O carro entrou **a** direita da rua.
( ) **e)** **A** medida que o conheço, mais o admiro. / Amo *pizza* **a** califórnia.
( ) **f)** É uma situação semelhante **a** enfrentada ontem. / Voltou **a** Curitiba.

5. Em apenas uma das frases a seguir a crase não foi empregada como previsto pela gramática normativa. Assinale-a, depois faça a correção e justifique sua resposta.

( ) **a)** Não obedeceremos àquela ordem de forma alguma.
( ) **b)** Refiro-me àquele rapaz que acabou de chegar.
( ) **c)** Comprou para a filha uma blusa igual à que viu na revista.
( ) **d)** Esse homem não é àquele que vimos ontem?
( ) **e)** As visitas chegaram às seis em ponto.

_____
_____
_____

6. Reescreva as frases empregando a crase quando necessário.

a) Muitos vieram a São Paulo para a exposição no Masp.
_____

b) Quando torcidas rivais ficam cara a cara, a situação é tensa.
_____

c) A vendedora entregou a sacola a cliente.
_____

d) A testemunha se dispôs a colaborar e obedeceu as ordens da polícia.
_____

e) Embora o avião decolasse as 9 horas, não consegui me despedir de meu amigo.
_____

f) Disse a filha que voltasse a escola a fim de entregar o trabalho a professora.
_____

g) Entreguei a flor a Maria conforme me foi solicitado.
_____

h) Disse a minha irmã que o quarto, a partir de então, era só meu.

i) Fomos encaminhados a diversas seções.

j) Fui a casa da minha amiga para assistir a novela das nove.

k) Atentas as sugestões, as meninas mudaram a maquiagem.

7. Leia as frases e coloque nos parênteses o código correspondente ao que seria adequado para substituir o símbolo ★.

(A) artigo **a**   (P) preposição **a**   (C) contração **à**

( ) a) Observamos tudo ★ distância.
( ) b) Os policiais ficaram ★ distância de 5 metros.
( ) c) Graças ★ Deus o menino foi encontrado.
( ) d) Fomos convidados ★ investir na Suíça.
( ) e) Cresceu o número de pessoas com acesso ★ internet.
( ) f) Chegam ★ dois mil os casos confirmados de dengue na cidade.
( ) g) ★ pesquisa indicou avanços na economia.
( ) h) Partimos rumo ★ vitória.
( ) i) Pedimos arroz ★ grega.
( ) j) Assistimos ★ inauguração do teatro.
( ) k) ★ uma hora, já estamos saindo de casa.
( ) l) Vendemos ★ casa em que moramos por vinte anos.
( ) m) Serviu o prato ★ moda da casa.

8. Observe as duas frases a seguir.

> Por favor, não bata a porta.
> Por favor, não bata à porta.

a) O que a primeira frase comunica?

b) E a segunda frase?

c) Considerando as respostas dadas nos itens **a** e **b**, responda: a presença ou ausência de crase pode alterar o sentido de uma frase? Por quê?

_____

_____

9. Leia a placa com atenção e assinale a alternativa correta.

( ) **a)** Faltou o acento agudo no **a** antes da palavra **multa**, já que ela é feminina.

( ) **b)** O **a** que precede o verbo **passar** é artigo.

( ) **c)** O **a** deveria receber acento grave nas duas ocorrências indicadas nos itens **a** e **b**.

( ) **d)** O texto da placa não apresenta falhas na indicação de crase.

( ) **e)** Na placa, o valor da multa e o objeto apreendido estão determinados.

3. SINAIS DE PONTUAÇÃO. PONTUAÇÃO NOS PERÍODOS SIMPLES E COMPOSTO

A **vírgula** separa os termos que estão fora de ordem, invertidos ou intercalados por outros termos.

O **ponto e vírgula** é empregado em períodos com orações de estrutura semelhante ou em períodos longos cujas orações já foram separadas por vírgula.

Os **dois-pontos** são empregados para esclarecer, explicar ou desenvolver ideia anterior ou introduzir fala, citação ou pensamento.

As **reticências** são usadas para indicar uma interrupção, sugerindo ideias ou sentimentos não explícitos, expressar hesitação, dúvida, espera, surpresa, etc. e indicar que nem todos os itens de uma enumeração foram citados.

As **aspas** indicam citações e falas em discurso direto, estrangeirismos, gírias, variações regionais, ênfase ou destaque em termos, palavras e expressões.

Os **parênteses** indicam comentários, esclarecimentos ou inclusão de informações adicionais.

1. Observe as expressões destacadas nestas orações e associe-as com as alternativas.

    I. **Sem dúvida**, meu objetivo era me alimentar bem.
    II. O mediador parecia, **naquele debate**, interessado.
    III. Meu namorado, **quando está com tempo**, faz pratos muito saborosos.

    a) As expressões inseridas no início ou no meio da oração costumam vir entre vírgulas.
    b) Os termos intercalados entre elementos diretamente relacionados costumam vir entre vírgulas.
    c) Os termos inseridos antes do sujeito costumam vir entre vírgulas.

2. Observe as orações e marque V (verdadeiro) ou F (falso).

    I. Minhas refeições incluem grãos, verduras, legumes e frutas.
    II. O professor, convidado de honra do debate, dirigiu-se à plateia.
    III. Pai, meu namorado cozinha panquecas deliciosas!

    (   ) a) Em I, a vírgula é usada para separar enumerações que não têm a mesma natureza sintática na oração.
    (   ) b) Em II, a vírgula é usada para isolar o aposto "convidado de honra do debate".
    (   ) c) Em III, a vírgula é usada para isolar o vocativo "Pai".

3. Leia o fragmento.

    > Assim que se viu livre, [Eros] pôs-se a correr o mundo, com um só objetivo: descobrir o paradeiro da esposa. Nessa missão, Eros vagou por todos os cantos da terra, até que certo dia uma ave informou-o:
    > — Psique encontra-se no deserto... E dorme o sono da morte.
    >
    > Luiz Galdino. *Viagem ao reino das sombras*.
    > São Paulo: FTD, 1999. p. 81. (Fragmento).

    a) Qual era o objetivo de Eros? Justifique com um trecho.

    b) De que modo Eros conseguiu descobrir o paradeiro de Psique? Justifique com um trecho.

c) Os dois-pontos foram empregados com quais finalidades nesse trecho?

4. Leia agora este outro trecho e assinale a alternativa **incorreta**.

> "Posso ajudá-lo, cavalheiro?"
> "Pode. Eu quero um daqueles..."
> "Pois não?"
> "Um... como é mesmo o nome?"
>
> Luis Fernando Verissimo. Comunicação. In: *Amor brasileiro*.
> Rio de Janeiro: José Olympio, 1977. p. 143-145. (Fragmento).

( ) a) As aspas indicam as falas de personagens em discurso direto.
( ) b) As reticências expressam hesitação, dúvida ou espera.
( ) c) As reticências indicam que nem todos os itens de uma enumeração foram citados.

5. Leia este trecho.

> [...] Certo dia, no pátio da escola, quando devoravam seus livros, Lu chamou a atenção de Marina:
> — Olhe só isto aqui, Má! — disse ele ao encontrar em seu livro uma foto das forças de paz da Organização das Nações Unidas. — A ONU é uma organização que foi inventada pra evitar que aconteçam guerras entre os países, certo?
> — Certo! — concordou a menina, ainda sem saber aonde ele queria chegar.
> — Então por que é que eles precisam de tropas armadas até os dentes? Você consegue entender?
>
> Edgard Romanelli. *O planeta Berra*. São Paulo: Moderna, 2003. p. 34-35. (Fragmento).

a) Por que foram usados travessões no início dos parágrafos?

b) Por que foi usado travessão no trecho "— disse ele ao encontrar em seu livro uma foto das forças de paz da Organização das Nações Unidas"?

6. Leia o trecho e explique por que foram usados os parênteses nesse trecho.

> A princípio, veremos as majestosas montanhas da Sicília, que, agora, já não existem mais (tantos anos se passaram!).
>
> Dino Buzzati. *A famosa invasão dos ursos na Sicília.*
> São Paulo: Berlendis, 2001. p. 11. (Fragmento).

7. As orações seguintes apresentam problemas no uso da vírgula. Explique o que está errado em cada uma e reescreva-as, fazendo as correções necessárias de acordo com a gramática normativa.

a) Quase todos os convidados, chegaram atrasados à festa.

b) Julieta minha melhor amiga vai dormir em casa neste fim de semana.

c) Os filmes de aventura e fantasia com um toque de romance, são os meus preferidos.

d) Mateus sempre esquece a caneta o lápis e a borracha em casa.

8. Justifique o emprego dos sinais de pontuação neste trecho.

> Barros Falcão procurou o corneta no meio da poeira:
> — "Retirada"! Eu disse "re-ti-ra-da", imbecil!
>
> José Rufino dos Santos. *O soldado que não era.*
> São Paulo: Moderna, 2003. p. 42. (Fragmento).

9. Justifique o emprego dos sinais de pontuação destacados neste trecho.

> Na rua, principalmente à noite, positivamente constituo o que se convencionou chamar de um indivíduo suspeito: as pessoas, ao passar por mim, apressam o passo; as mães recolhem as filhas para junto de si; os homens de cara satisfeita olham através de mim como se eu fosse invisível.
>
> Fernando Sabino. Barbas de molho. In: *Fernando Sabino*: obra reunida.
> Rio de Janeiro: Nova Aguilar, 1996. (Fragmento).

10. Leia a tira de Hagar e sua esposa, Helga.

O MELHOR DE HAGAR — Dik Browne

a) Na tira, Hagar faz uma queixa para Helga. Identifique-a.

b) Considerando que um período simples tem apenas uma oração, na fala de Helga no primeiro quadrinho há quantos períodos e quantas orações?

c) Em que fala foi usada a vírgula? Justifique o emprego da vírgula nessa tira.

d) No mesmo período simples indicado no item **c**, há reticências. Por que elas foram usadas nesse caso?

e) No segundo quadrinho foram usados quais sinais de expressão? Qual efeito de sentido eles causam na fala de Helga?

11. Observe a fala de Hagar nesta tira e marque a opção **incorreta**.

O MELHOR DE HAGAR   DIK BROWNE

( ) **a)** Foi usada vírgula após *Doutor Zook* porque esse termo é um vocativo.
( ) **b)** No lugar do travessão poderia ser empregada a conjunção *pois*.
( ) **c)** As vírgulas em "Ele corta o cabelo, estuda livros, e se lava muito..." foram utilizadas para separar orações.
( ) **d)** As reticências indicam que Hamlet faz mais coisas consideradas estranhas por Hagar.
( ) **e)** A frase interrogativa "Isso é uma doença?" não é um período.

12. Leia o texto, observe a pontuação empregada e responda às questões.

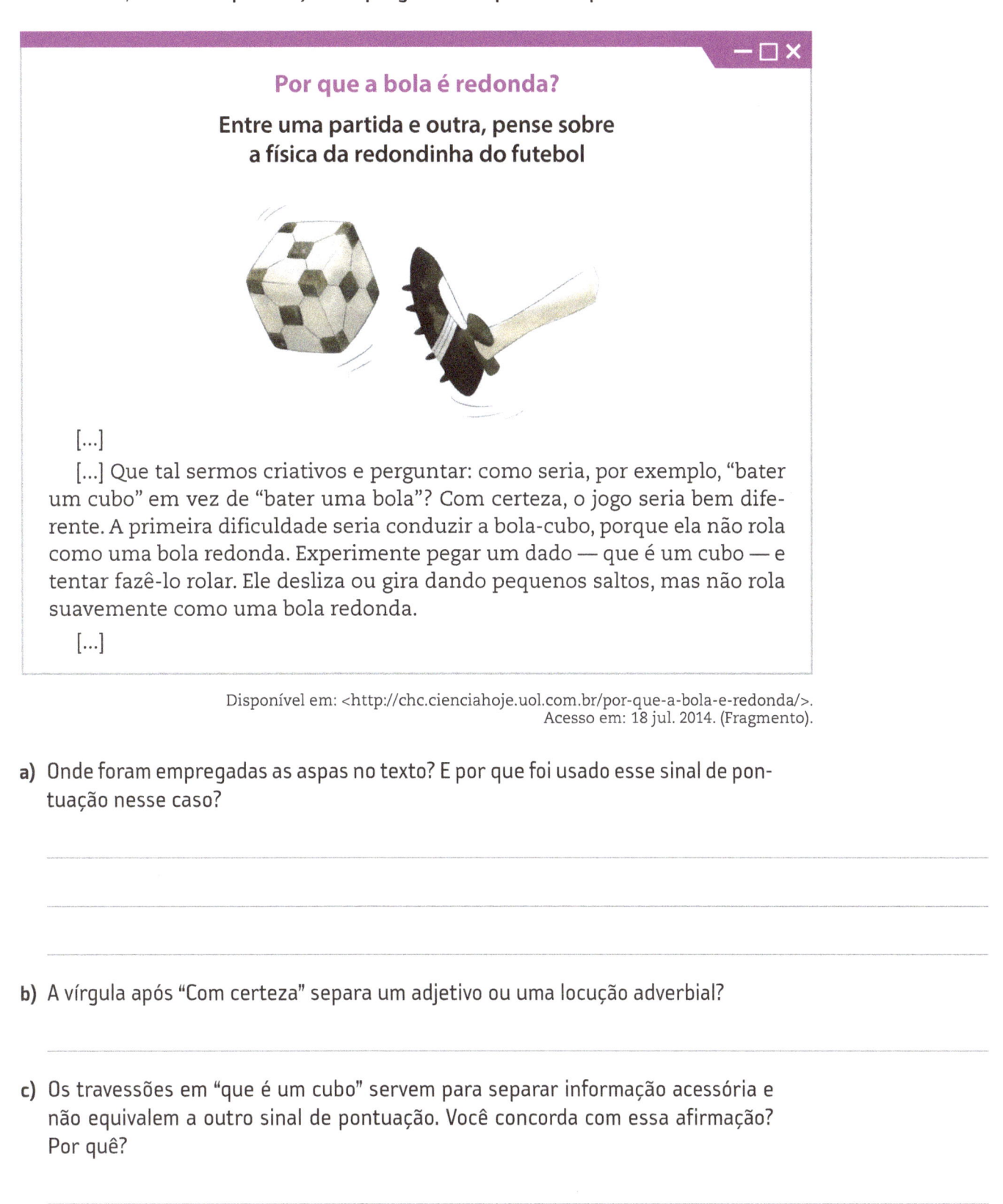

Por que a bola é redonda?

Entre uma partida e outra, pense sobre a física da redondinha do futebol

[...]

[...] Que tal sermos criativos e perguntar: como seria, por exemplo, "bater um cubo" em vez de "bater uma bola"? Com certeza, o jogo seria bem diferente. A primeira dificuldade seria conduzir a bola-cubo, porque ela não rola como uma bola redonda. Experimente pegar um dado — que é um cubo — e tentar fazê-lo rolar. Ele desliza ou gira dando pequenos saltos, mas não rola suavemente como uma bola redonda.

[...]

Disponível em: <http://chc.cienciahoje.uol.com.br/por-que-a-bola-e-redonda/>.
Acesso em: 18 jul. 2014. (Fragmento).

a) Onde foram empregadas as aspas no texto? E por que foi usado esse sinal de pontuação nesse caso?

b) A vírgula após "Com certeza" separa um adjetivo ou uma locução adverbial?

c) Os travessões em "que é um cubo" servem para separar informação acessória e não equivalem a outro sinal de pontuação. Você concorda com essa afirmação? Por quê?

d) Nos períodos compostos abaixo, qual é a função da vírgula?

> I. "A primeira dificuldade seria conduzir a bola-cubo, porque ela não rola como uma bola redonda."
>
> II. "Ele desliza ou gira dando pequenos saltos, mas não rola suavemente como uma bola redonda."

_____

13. Leia o texto com atenção. Alguns sinais de pontuação foram retirados. Coloque nas lacunas a pontuação que achar mais adequada de acordo com os sentidos do texto.

> Mas o pai disse ____ Menino ____ você está criando muito amor a esse bicho ____ quero avisar ____ tuim é acostumado a viver em bando. Esse bichinho se acostuma assim ____ toda tarde vem procurar sua gaiola para dormir ____ mas no dia que passar pela fazenda um bando de tuins ____ adeus. Ou você prende o tuim ou ele vai-se embora com os outros ____ mesmo ele estando preso e ouvindo o bando passar ____ você está arriscando a ele morrer de tristeza ____.
>
> E o menino vivia de ouvido no ar ____ com medo de ouvir bando de tuim.
>
> Foi de manhã ____ ele estava catando minhoca para pescar quando viu o bando chegar ____ não tinha engano ____ era tuim ____ tuim ____ tuim ____ tuim ____
>
> Rubem Braga. História triste de tuim. In: 200 crônicas escolhidas.
Rio de Janeiro: Record, 2002. p. 356-357. (Fragmento).

MORFOSSINTAXE

1. SUJEITO E PREDICADO. ADJUNTO ADNOMINAL. PREDICATIVO DO SUJEITO. PREDICADOS NOMINAL E VERBAL. OBJETOS DIRETO E INDIRETO. ADJUNTO ADVERBIAL 38

2. PREDICATIVO DO OBJETO. PREDICADO VERBO-NOMINAL. VOZES VERBAIS 46

3. REGÊNCIA VERBAL E REGÊNCIA NOMINAL 52

4. ORAÇÃO E PERÍODO 59

5. ORAÇÕES COORDENADAS E CONJUNÇÕES COORDENATIVAS 61

6. PERÍODO COMPOSTO POR SUBORDINAÇÃO. ORAÇÕES SUBORDINADAS SUBSTANTIVAS 68

MORFOSSINTAXE

1. SUJEITO E PREDICADO. ADJUNTO ADNOMINAL. PREDICATIVO DO SUJEITO. PREDICADOS NOMINAL E VERBAL. OBJETOS DIRETO E INDIRETO. ADJUNTO ADVERBIAL

Os termos essenciais da oração são o sujeito e o predicado. O **sujeito** é aquele sobre o qual se declara algo. O **predicado** é a declaração feita sobre o sujeito.

O **núcleo do sujeito** é a palavra mais importante do sujeito; pode ser substantivo, pronome, numeral, verbo no infinitivo ou qualquer palavra substantivada. O sujeito pode ser determinado (simples, composto ou oculto) e indeterminado. Há orações que não têm sujeito.

Adjunto adnominal é o termo que caracteriza ou determina um nome (substantivo) sem a intermediação de um verbo; pode ser adjetivo, locução adjetiva, pronome, numeral ou artigo.

Predicativo do sujeito é qualquer característica, modo de ser, estado ou mudança de estado que se atribui ao sujeito, em geral por meio de um verbo de ligação. Nesse caso, o verbo de ligação e o predicativo do sujeito formam o **predicado nominal**.

O verbo de ação que requer complemento é chamado de **transitivo**, e aquele que não precisa de complemento chama-se **intransitivo**. O verbo que se liga ao complemento sem preposição (**objeto direto**) é chamado **transitivo direto**. Aquele que necessita de preposição para ligar-se ao complemento (**objeto indireto**) é chamado **transitivo indireto**. O verbo que aceita ambos os objetos é denominado **transitivo direto e indireto**. Desse modo, o **predicado verbal** é formado pelo verbo de ação, transitivo com complemento(s) ou intransitivo.

O termo que indica uma determinada circunstância do processo verbal chama-se **adjunto adverbial**; pode ser advérbio ou locução adverbial. O adjunto adverbial também pode estar relacionado a um adjetivo ou a outro advérbio, intensificando-os. Pode ser de causa, companhia, assunto, dúvida, finalidade, instrumento, intensidade, lugar, matéria, modo, negação, oposição, ordem, tempo, valor, entre outros. A posição do adjunto adverbial na frase é relativamente flexível.

1. Leia a tira de Calvin, de Bill Watterson.

CALVIN & HAROLDO — **BILL WATTERSON**

a) Relacione as colunas de acordo com o tipo de sujeito das orações transcritas da fala de Calvin no segundo quadrinho.

(I) sujeito indeterminado
(II) sujeito determinado

( ) "irão reter o calor do Sol"
( ) "que lançamos no ar"
( ) "dizem que"
( ) "e derreter as calotas polares"

b) Nas alternativas que você assinalou como sujeito determinado, quais são sujeito simples, composto ou oculto?

c) Qual é a última fala de Calvin na tirinha? Nessa oração, o sujeito é determinado ou indeterminado? Por quê?

d) O que a resposta da mãe de Calvin, no último quadrinho, permite inferir?

e) Qual é a relação entre a resposta da mãe e a fala de Calvin no último quadrinho?

2. Leia o texto transcrito a seguir e observe os verbos destacados.

Existe gente alérgica à luz solar?

Por Fred Linardi

Existem, sim, pessoas alérgicas à luz do Sol. Toda alergia é a resposta do sistema imunológico a alguma substância e causa lesões físicas como consequência. A alergia à luz do Sol se deve à entrada dos raios ultravioleta na pele, que atingem os mastócitos, células do tecido conjuntivo, ricas em histamina. [...]

Cheios de não me toques

Tem gente que não pode chegar perto de tecnologia, madeira e até do próprio filho! [...]

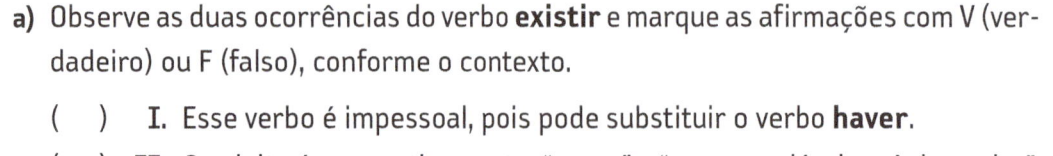

Disponível em: <http://mundoestranho.abril.com.br/materia/existe-gente-alergica-a-luz-solar>. Acesso em: 27 nov. 2018. (Fragmento).

a) Observe as duas ocorrências do verbo **existir** e marque as afirmações com V (verdadeiro) ou F (falso), conforme o contexto.

( ) I. Esse verbo é impessoal, pois pode substituir o verbo **haver**.
( ) II. O sujeito é, respectivamente, "gente" e "pessoas alérgicas à luz solar".
( ) III. O verbo **existir** é intransitivo.
( ) IV. Se **existir** fosse substituído por **haver**, a flexão de número seria a mesma.

b) Agora, observe a construção com o verbo **ter**.
   I. Com que sentido ele foi usado?

   _____

   II. Reescreva a frase, substituindo-o por outro verbo com sentido equivalente.

   _____

   _____

3. Leia a tira e observe a repetição do verbo respirar na fala do ratinho.

a) Assinale as afirmações verdadeiras sobre o uso desse verbo.

( ) I. Na tira, o verbo **respirar** é transitivo direto, e os termos **cultura**, **saber** e **ácaros** são seus objetos diretos.

( ) II. Esse verbo pode ser intransitivo, como, por exemplo, na frase: "Todos os seres humanos respiram".

( ) III. Por ser um verbo no infinitivo, **saber** não pode ter função de objeto direto.

( ) IV. O humor da tira foi construído com os complementos do verbo **respirar** no primeiro quadrinho, que se opõem ao termo **ácaros**.

b) Explique por que a construção do humor, nessa tira, está relacionada com a diferença entre os objetos diretos do verbo **respirar** apresentados no primeiro quadrinho e o objeto apresentado no último.

4. Para dizer que não gosta de poesia, a personagem da tira a seguir especifica o significado desse termo.

a) Transcreva os determinantes do substantivo **poesia**, utilizados pela personagem.

b) Classifique sintaticamente esses determinantes.

c) Explique por que, no último quadrinho, o determinante foi essencial para a construção do humor da tira.

5. Leia esta tira de Calvin, em que são apresentados vários "ingredientes" para dizer de que são feitos meninas, meninos e tigres.

CALVIN & HAROLDO — **Bill Watterson**

Quadrinho 1: EU LI QUE AS MENINAS SÃO FEITAS DE "AÇÚCAR, MEL E ESTRELAS DO CÉU".
Quadrinho 2: JÁ OS MENINOS SÃO FEITOS DE "LESMAS DO MORRO E RABO DE CACHORRO". HUNF.
Quadrinho 3: ENTÃO DO QUE SÃO FEITOS OS TIGRES?
Quadrinho 4: DE "VERDES LIBÉLULAS E GAFANHOTOS GRIPADOS, MAS SOBRETUDO DE MOLEQUES MASTIGADOS". ESPERTINHO.

© 1987 Universal Press Syndicate

a) Transcreva os adjuntos adnominais utilizados nesses "ingredientes" e informe a que termo se referem.

_____
_____
_____

b) Se na fala de Haroldo, no último quadrinho, fossem eliminados os adjuntos adnominais, o texto da tira continuaria com o mesmo humor?

_____
_____
_____
_____

6. Alguns termos foram retirados do texto a seguir. Leia-o com atenção.

Nasa encontra sinais misteriosos de raio X em outra galáxia

Lucas Baptista

_____ detectaram algo _____ no aglomerado da galáxia de Perseu a 240 milhões de anos-luz da Terra.

_____ cientistas _____ que _____ podem ter sido produzidos pela decomposição de neutrinos estéreis, um tipo de partícula que tem sido proposto como candidato para a matéria escura. A descoberta foi feita pelo observatório Chandra, um telescópio espacial

enviado pela Nasa _____ com o objetivo de observar

luz _____, raios gama, raios X e infravermelho.

[...]

Glossário

Nasa: agência espacial norte-americana.

Os astrônomos envolvidos no estudo acreditam que a matéria escura pode constituir 85% da matéria do Universo, mas ela não emite nem absorve luz, como fazem os nossos conhecidos prótons, nêutrons e elétrons. Devido a isso, os cientistas precisam usar _____ indiretos para procurar pistas sobre a matéria escura.

[...]

Disponível em: <http://super.abril.com.br/blogs/supernovas/2014/06/27/nasa-encontra-sinais-misteriosos-de-raios-x-em-outra-galaxia/>. Acesso em: 16 jul. 2014.
(Fragmento adaptado para fins didáticos).

a) Preencha as lacunas do texto com os termos do quadro a seguir.

| os raios X | acham | visível | métodos |
| pesquisadores | misterioso | em 1999 | os |

b) Relacione a primeira coluna com as outras duas, para identificar a função sintática dos termos que foram suprimidos do texto.

(I) sujeito simples   (   ) os raios X   (   ) pesquisadores
(II) adjunto adnominal   (   ) em 1999   (   ) métodos
(III) adjunto adverbial de tempo (   ) visível   (   ) misterioso
(IV) verbo transitivo direto (   ) os   (   ) acham
(V) objeto direto

c) Observe os verbos e a locução verbal destacados no trecho a seguir e preencha a tabela.

"Os astrônomos envolvidos no estudo acreditam que a matéria escura pode constituir 85% da matéria do Universo, mas ela não emite nem absorve luz, como fazem os nossos conhecidos prótons, nêutrons e elétrons."

Verbo ou locução verbal	Transitividade	Sujeito	Complemento (se houver)
acreditam			
pode constituir			
emite			
absorve			

7. Observe os adjuntos adverbiais destacados nestas orações.

  I. **Às vezes**, eu ia brincar no sítio do meu tio.
  II. O sítio era **muito** amplo.
  III. Havia uma casa **muito** bem construída no sítio.

  a) A que palavras os adjuntos adverbiais estão relacionados?

  _____

  _____

  b) A que classe gramatical pertencem as palavras **amplo** e **bem**?

  _____

8. Leia este trecho de Lygia Fagundes Telles.

> [...] A princípio ela afetara **uma calma absoluta**, o olhar vagando distraidamente **por entre as pedrinhas coloridas** que se cruzavam **no tabuleiro**. Mas ninguém tomara **conhecimento de sua indiferença**. [...]
>
> Lygia Fagundes Telles. *Literatura comentada*. São Paulo: Abril Educação, 1980. p. 21. (Fragmento).

  a) Classifique as expressões destacadas em **adjunto adverbial** ou **objeto direto**.

  _____

  _____

  _____

  b) Encontre no texto um adjunto adverbial de tempo e um de modo.

  _____

  _____

9. Agora, leia este poema.

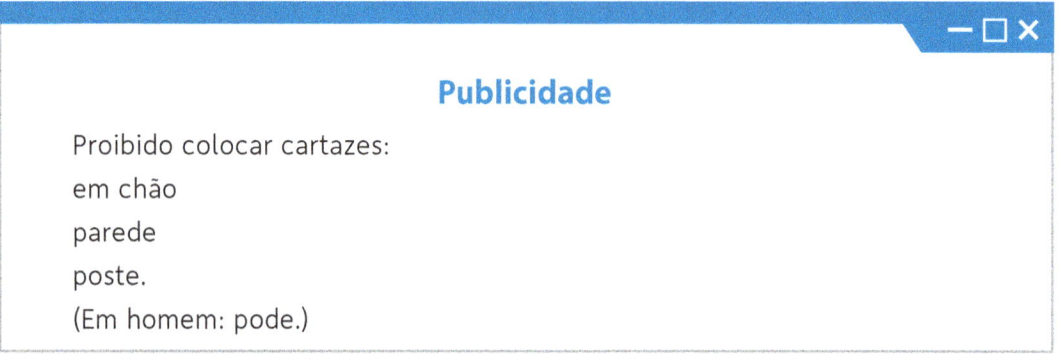

Publicidade

Proibido colocar cartazes:
em chão
parede
poste.
(Em homem: pode.)

Ilka Brunhilde Laurito. Disponível em: <http://www.jornaldepoesia.jor.br/ibrunhilde1.html#publicidade>. Acesso em: 27 nov. 2018.

a) Quais são os adjuntos adverbiais do poema e qual a circunstância que cada um expressa?

b) Nesse poema, há o predomínio de adjuntos adverbiais de lugar. Qual é a relação entre a circunstância expressa por eles e os sentidos do texto?

10. Leia a tira e responda às questões.

O MELHOR DE CALVIN

BILL WATTERSON

a) Explique por que o produto vendido por Calvin e a afirmação feita por ele no último quadrinho contribuem para a construção do humor nessa tira.

b) A que classe gramatical pertencem as palavras **muito** e **mal**?

c) Qual é a função dessas palavras? E qual é sua classificação?

11. Acrescente adjuntos adverbiais às orações a seguir, conforme indicado entre parênteses. Veja o exemplo.

> Os espectadores aplaudiram. (modo, tempo)
> *Os espectadores aplaudiram de pé naquela noite.*

a) Os deputados se reuniram. (lugar, modo, tempo)

b) A casa foi demolida. (modo, tempo)

c) A garota olhou para o rapaz. (modo, tempo)

d) As crianças chegaram. (lugar, tempo, intensidade)

2. PREDICATIVO DO OBJETO. PREDICADO VERBO-NOMINAL. VOZES VERBAIS

O termo da oração que atribui uma característica ao objeto direto ou indireto chama-se **predicativo do objeto**; pode ocorrer apenas em orações com verbos transitivos. O predicativo do objeto é um complemento exigido pelo verbo, enquanto o adjunto adnominal é um termo que especifica mais o objeto, e sua presença não é obrigatória.

O predicado que possui dois núcleos, um verbo de ação e um predicativo (do sujeito ou do objeto), chama-se **predicado-verbo nominal**.

Voz verbal é a forma que o predicado assume para atribuir determinado papel ao sujeito da oração. Há a **voz ativa** (o sujeito agente pratica a ação expressa pelo verbo), a **voz passiva** (o sujeito paciente é enfatizado pelo processo verbal), e a voz reflexiva (o sujeito é afetado pelo processo verbal).

Nas orações com voz passiva, o **agente da passiva** desencadeia o processo verbal. Em geral, é antecedido pela preposição *por* ou suas combinações *pelo(s)*, *pela(s)*. Pode estar explícito ou identificado apenas pelo contexto.

A **voz passiva sintética** é formada por verbo transitivo direto na 3ª pessoa + pronome *se* (apassivador). A **voz passiva analítica** é formada pelo verbo *ser* + particípio do verbo principal + agente da passiva (explícito ou não).

1. Leia a tira, analise as afirmações a seguir e assinale as corretas.

   O MELHOR DE HAGAR Dik Browne

   ( ) **a)** A frase do primeiro quadrinho está na voz ativa.
   ( ) **b)** Na fala de Hagar do primeiro quadrinho, o sujeito **vocês** é agente.
   ( ) **c)** O sujeito é paciente no segundo quadrinho.
   ( ) **d)** No segundo quadrinho, **se** é um pronome reflexivo.

2. Assinale a frase em que o verbo não admite a voz passiva.
   ( ) **a)** Muitas pessoas viram o jogo do Brasil contra a Alemanha.
   ( ) **b)** Thomas Edison inventou a lâmpada.
   ( ) **c)** As crianças gostam de doces.

3. Passe para a voz passiva as frases não assinaladas na questão 2.

4. Leia este fragmento de notícia.

   ## Habilidade em matemática e leitura é favorecida por mesmos genes

   Pesquisa envolveu leitura do DNA de crianças e testes cognitivos. Família e escola também são importantes para aprendizado, diz estudo.

   A habilidade para matemática e para leitura é favorecida em boa medida pelos mesmos genes, segundo um estudo publicado [...] na revista *Nature Communications*, que ressalta, no entanto, a importância do meio para desenvolver esses conhecimentos.

   Cientistas do King's College de Londres, liderados por Robert Plomin, utilizaram dados do chamado Estudo do Desenvolvimento Precoce dos Gêmeos (TEDS, em sua sigla em inglês) para ver a influência dos genes nas habilidades de leitura e cálculo de adolescentes de 12 anos de 2.800 famílias britânicas.

   A equipe acompanhou gêmeos, com genes compartilhados, e outras crianças, com quem fizeram testes de leitura e matemática, conforme as exigências do sistema escolar britânico.

   A combinação dos resultados desses testes e dos dados de DNA indicou que há uma "sobreposição significativa" dos genes que determinam a habilidade para a leitura e para os números.

Aproximadamente metade dos genes que influenciam a habilidade de leitura da criança incide também em sua capacidade para as contas, de acordo com o estudo. No entanto, os pesquisadores ressaltam que o entorno familiar e a educação escolar são estratégicas para o desenvolvimento dos pequenos.

"As crianças diferem geneticamente em relação à facilidade de aprender e devemos reconhecer e respeitar estas diferenças individuais", afirma Plomin.

[...]

Disponível em: <http://g1.globo.com/ciencia-e-saude/noticia/2014/07/habilidade-em-matematica-e-leitura-e-favorecida-por-mesmos-genes.html>. Acesso em: 27 nov. 2018. (Fragmento).

a) Reescreva o título da notícia usando "mesmos genes" como sujeito agente.

b) Segundo a notícia, o estudo indica que a habilidade para matemática e leitura depende apenas dos genes? Justifique.

c) Releia o trecho e coloque V (verdadeiro) ou F (falso) nos parênteses a seguir.

"Cientistas do King's College de Londres, liderados por Robert Plomin, utilizaram dados do chamado Estudo do Desenvolvimento Precoce dos Gêmeos (TEDS, em sua sigla em inglês) para ver a influência dos genes nas habilidades de leitura e cálculo de adolescentes de 12 anos de 2.800 famílias britânicas."

( ) I. "Cientistas do King's College de Londres" é sujeito agente de "utilizaram".
( ) II. "Robert Plomin" é sujeito paciente de "liderados".
( ) III. Se a frase fosse *Dados do chamado Estudo do Desenvolvimento Precoce dos Gêmeos foram usados para ver a influência dos genes nas habilidades*, a voz verbal seria passiva.
( ) IV. Na voz passiva analítica, o trecho "para ver a influência dos genes nas habilidades de leitura e cálculo" poderia ser escrito *para a influência dos genes nas habilidades de leitura e cálculo ser vista*.

5. Na voz ativa, a frase "Os envolvidos foram identificados por testemunhas" seria:
( ) **a)** Identificaram-se os envolvidos.
( ) **b)** Testemunhas foram identificadas pelos envolvidos.
( ) **c)** Os envolvidos identificaram testemunhas.
( ) **d)** Testemunhas identificaram os envolvidos.

6. A frase "O médico acompanhará a cirurgia", na voz passiva analítica, seria:
( ) **a)** O médico terá de acompanhar a cirurgia.
( ) **b)** O médico será acompanhado na cirurgia.
( ) **c)** A cirurgia será acompanhada pelo médico.
( ) **d)** A cirurgia teria sido acompanhada pelo médico.

7. Observe as placas.

VENDEM-SE CASAS

VENDE-SE CASAS

a) Assinale as alternativas corretas.
   (   )   I. O verbo **vender** é transitivo indireto e por isso não admite voz passiva.
   (   ) II. A voz verbal é ativa nas duas situações.
   (   ) III. Em ambos os casos há voz passiva sintética.
   (   ) IV. Como o sujeito é paciente, o verbo não precisa concordar com ele.
   (   )   V. Por ser muito frequente, essa construção sintática não exige que o verbo concorde com o sujeito.
   (   ) VI. "Vende-se casas" não obedece às regras da gramática normativa.

b) Escreva o texto da placa com o verbo na voz ativa e, depois, na voz passiva analítica.

_____

8. Leia esta outra placa.

AFIA-SE Facas, Tesouras, etc.

a) Qual verbo consta na placa? E em que voz está esse verbo?

_____

b) A concordância verbal na frase "Afia-se facas, tesouras, etc." está de acordo com as regras da gramática normativa? Por quê?

_____

9. Identifique a(s) frase(s) em que a concordância verbal está inadequada.
( ) **a)** Conserta-se pneus.
( ) **b)** Fizeram-se as nomeações anunciadas.
( ) **c)** Precisa-se de funcionários.
( ) **d)** Abraçaram-se fortemente os amigos.
( ) **e)** Limpa-se telhados.
( ) **f)** Contrata-se motoristas.

10. Observe atentamente a capa da revista reproduzida a seguir.

a) Qual é o sujeito das frases "Procuram-se ideias inovadoras" e "Paga-se bem"?

b) Nas duas situações, **se** é pronome apassivador? Explique.

11. Leia as frases com atenção.
  I. Julgaram **ótima** a sua atitude.
  II. Julgaram a sua **ótima** atitude.

a) O predicado é do mesmo tipo nas duas construções? Explique.

b) A que se refere o termo destacado em cada caso?

c) Em ambas as frases, **ótima** tem a mesma função sintática? Por quê?

12. Observe o termo destacado e marque PS para predicativo do sujeito e PO para predicativo do objeto.

( ) **a)** A criança resistia **acordada**.
( ) **b)** O menino leu a notícia **tristonho**.
( ) **c)** O juiz julgou o réu **inocente**.
( ) **d)** O aluno chegou **atrasado**.
( ) **e)** Elegemos Joana **nossa representante**.
( ) **f)** O técnico nomeou Francisco **capitão do time**.
( ) **g)** A menina chamou-lhe **idiota**.

13. Leia o fragmento do poema a seguir, de Álvares de Azevedo.

É ela! É ela! É ela! É ela!

É ela! é ela! — murmurei tremendo,
e o eco ao longe murmurou — é ela!
Eu a vi... minha fada aérea e pura —
a minha lavadeira na janela.

Dessas águas-furtadas onde eu moro
eu a vejo estendendo no telhado
os vestidos de chita, as saias brancas;
eu a vejo e suspiro enamorado!

[...]

Afastei a janela, entrei medroso...
Palpitava-lhe o seio adormecido...
[...]

Álvares de Azevedo. Disponível em: <http://releituras.com/alvazevedo_menu.asp>.
Acesso em: 27 nov. 2018.

- Assinale V (verdadeiro) ou F (falso) e, quando assinalar F, justifique.

( ) **a)** Nos versos "Eu a vi... minha fada aérea e pura — / a minha lavadeira na janela", os termos **aérea** e **pura** são predicativos do sujeito.

( ) **b)** Em "eu a vejo estendendo no telhado / os vestidos de chita, as saias brancas", o predicado é nominal.

( ) **c)** Em "eu a vejo e suspiro enamorado!", o termo **enamorado** refere-se a um estado do sujeito.

( ) **d)** Em "Afastei a janela, entrei medroso...", o predicado é verbo-nominal.

14. Considere estas frases e assinale as alternativas corretas:

I. Marília parecia feliz na festa.
II. Marília apareceu feliz na festa.
III. Marília apareceu na festa.

( ) **a)** Em I e II, o predicado é nominal, porque **feliz** é predicativo do sujeito.

( ) **b)** Na frase I, o predicado é nominal, já que o verbo **parecer** é de ligação.

( ) **c)** Em II e III, o predicado é verbo-nominal, pois o verbo **aparecer** é intransitivo.

( ) **d)** O termo **feliz**, nas frases I e II, exerce a função de predicativo do sujeito.

( ) **e)** Na frase II, o predicado é verbo-nominal, visto que o verbo **aparecer** não é de ligação, e **feliz** é predicativo.

15. Leia as frases que seguem.

I. João é inteligente.
II. Consideram João inteligente.

a) Nas duas frases, **inteligente** é predicativo? Explique.

_____

_____

b) O predicado é verbo-nominal em ambas as frases?

_____

_____

c) Escreva uma frase em que haja um predicado verbal e um predicado nominal.

_____

_____

3. REGÊNCIA VERBAL E REGÊNCIA NOMINAL

Regência verbal

A relação entre os verbos e seus complementos recebe o nome de **regência verbal** e está ligada à transitividade do verbo.

A **regência direta** ocorre sem preposição, quando o complemento do verbo é um objeto direto. Exemplo: **Pedi** *um cafezinho*.

A **regência indireta** acontece com o auxílio da preposição exigida pelo verbo, quando o complemento é um objeto indireto. Exemplo: **Creio em** *pessoas justas*.

A relação entre alguns verbos intransitivos (como *ir*, *vir* e *chegar*) e seus adjuntos também é chamada regência verbal. Exemplos: *Ele **foi para** a sede do clube. Por que você não **saiu de** lá?*

Há verbos que admitem mais de uma regência. Em alguns casos, a variação de regência acompanha a variação de significado. Exemplos: *Aos 18 anos, o rapaz **rompeu com** todos os preconceitos. O leão **rompeu** as cordas e escapou.*

Regência nominal

Assim como acontece com os verbos, os substantivos, adjetivos e advérbios precisam às vezes de um complemento, ao qual se ligam indiretamente por meio de preposição.

A relação do substantivo, adjetivo ou advérbio com seus complementos recebe o nome de **regência nominal**. Exemplos: *Estou **atento a** seus comentários. Foi **influenciado pelo** pai. Água é **essencial à (para a)** saúde. Tinha **aversão a (por)** carne vermelha. Ele é muito **hábil em (para)** cálculos. Joana é muito **parecida com** a mãe dela. Esse texto é **vazio de** significado.*

1. Leia o trecho de uma matéria a respeito das inadequações que são cometidas em entrevistas de emprego, veiculada por uma revista de grande circulação.

> Espero **que eu seje** aprovado. **Preciso de trabalhar**.
>
> Dois erros inadmissíveis de uma vez só. O primeiro é a conjugação "seje", que não existe no português. "Espero **que eu seja** aprovado" é o correto. O outro erro grave é de regência. "Precisar" é um daqueles verbos cheios de truques: conforme o significado, requer ou dispensa preposição. No sentido de "ter necessidade" e seguido de verbo no infinitivo, ele não aceita preposição: **preciso trabalhar**.
>
> Tenho certeza de que, **se eu dispor** de uma boa equipe, poderei trazer mais clientes para a companhia.
>
> **Se eu dispuser** é o correto. [...] os verbos derivados de "ter", "vir" e "pôr" não podem ser conjugados de forma regular. Por exemplo: se ele vier, jantaremos. E, se eu intervier, essa briga vai acabar.
>
> Veja, 11 ago. 2010. (Fragmento adaptado).

a) Segundo o texto, por que o termo **precisar** é "um daqueles verbos cheios de truques"?

_____

_____

b) Como você definiria **regência verbal**, utilizando a explicação dada na matéria?

_____

_____

c) Que explicação foi apresentada para justificar a correção de "preciso de trabalhar" para **preciso trabalhar**?

_____

_____

d) Assinale a alternativa correta em relação à frase "Tenho certeza **de que** [...] poderei trazer mais clientes para a companhia".

( )   I. Trata-se de um exemplo de regência nominal, já que **certeza** é um nome que exige a preposição **de**.

( ) II. A preposição **de** não é essencial nessa frase, uma vez que o verbo é transitivo direto.

( ) III. Embora esteja relacionada com a palavra **certeza**, a preposição **de** não precisaria ser usada, pois não há essa exigência na gramática normativa.

2. Leia a tira.

TURMA DA MÔNICA MAURICIO DE SOUSA

a) Na fala da Mônica, no primeiro quadrinho, foi usado o verbo **enganar**. Qual é a regência dele?

_____

b) Observe, na fala do Cascão, o emprego do verbo **assistir** e assinale a alternativa correta em relação a seu uso na tira.

( ) I. Nesse contexto, o verbo tem o sentido de "ver, presenciar", por isso o uso da preposição **a** se faz necessário.

( ) II. O uso da preposição **a** é incorreto nesse contexto, já que o verbo é transitivo direto no sentido adotado na tira.

3. Leia o texto e observe a regência dos termos destacados.

Uma contradição e uma celebração

[...]

Até o momento em que escrevo isto, quase 36 milhões de pessoas já assistiram "Look up". Isso é pouco menos da metade da população de todo o Reino Unido — onde o vídeo foi postado por um cara chamado Gary Turk. Ou uma vez e meia a população da cidade de São Paulo — se você preferir trabalhar com parâmetros nacionais. Acredito até que, entre as pessoas que estão agora lendo isto, exista alguém que já tivesse assistido a "Look up". Estou fazendo essa brincadeira com números porque fiquei impressionado com esse total de "visitantes" (sempre tenho problemas para traduzir "viewers", que é a expressão em inglês que define o número de pessoas que clicaram em determinado vídeo, mas vamos em "visitantes" mesmo, apesar de ser mais do que isso — já que o que conta é quem visita e "olha" — antes que eu divague... está cedo para isso).

[...]

Para quem não pode dispor dos tais 5 minutos, ou sentiu dificuldades com o inglês, vale explicar que "Look up" nada mais é do que um apelo para que você "desgrude" os olhos da sua "tela" e "olhe para cima" ("look up"), ou mesmo para frente. Eu sei. Tem cara de clichê — e é mesmo. Logo de início Turk já tenta nos convencer que as centenas — ou milhares! — de amigos que temos nas redes sociais, bem... não são exatamente seus amigos. Conversa antiga, claro, com prós e contras já até um pouco surrados. Sim, parece que ninguém mais tem uma experiência de verdade se não for compartilhada com alguém — aliás, com um bando de gente. Não, as pessoas não estão interessadas no que você sentiu (a menos que você possa expressar toda uma gama de emoções com um "emoticon"), só na foto que você postar sobre determinado momento. Sim, as redes sociais preenchem a solidão de quem tem uma vida pouco interessante. Não, seus amigos virtuais não estão com você quando você fecha a porta do seu quarto...

[...]

Zeca Camargo. Disponível em: <http://g1.globo.com/pop-arte/blog/zeca-camargo/post/uma-contradicao-e-uma-celebracao.html>. Acesso em: 27 nov. 2018. (Fragmento).

a) Observe que no texto há duas ocorrências do verbo **assistir**. Elas obedecem ao que recomenda a gramática normativa? Explique.

b) No dia a dia, muitas vezes as regências previstas pela gramática normativa não são respeitadas, principalmente em contextos informais. O texto que você leu foi publicado em um *blog* por um jornalista que conhece muito bem a língua portuguesa e outras também. Considere essas informações e responda: o uso pode consagrar regências não previstas pela gramática normativa e que, depois de certo tempo, passam a ser aceitas ao menos em contextos informais?

c) Na frase a seguir, qual é a regência do verbo **preferir**?

> "[...] se você preferir trabalhar com parâmetros nacionais."

d) No trecho a seguir, o verbo destacado não foi empregado de acordo com a gramática normativa. Que preposição deveria ter acompanhado esse verbo?

> "Logo de início Turk já tenta nos convencer que as centenas — ou milhares! — de amigos que temos nas redes sociais, bem... não são exatamente seus amigos."

4. Entre as frases de cada grupo a seguir, apenas uma está incorreta quanto à regência verbal, segundo a gramática normativa. Assinale-a, corrija-a e justifique a correção.

Grupo 1
( ) a) A mãe agradava o filho pequeno.
( ) b) A divulgação do fato não agradou aos pais da menina.
( ) c) Agradava-o muito a presença dela no evento.

Grupo 2
( ) a) Ela queria ao primo como se quer a um irmão.
( ) b) O professor informou aos alunos do dia da prova.
( ) c) O empregador pagou ao funcionário tudo o que devia.

Grupo 3

( ) **a)** Depois disso, talvez não o perdoe facilmente.
( ) **b)** Preferi jogar futebol do que caminhar.
( ) **c)** O *show* a que assistimos foi emocionante.

_____

_____

5. Leia atentamente a charge.

BENETT

[Charge: cartaz com o título "COLIGAÇÕES PARTIDÁRIAS" mostrando Batman e Coringa com a fala "NESTE EU CONFIO!!!"; um cidadão observa assustado.]

a) No cartaz que aparece na charge, há duas personagens. Quem são e como é conhecido o relacionamento entre elas?

_____

_____

b) O que o título "Coligações partidárias" e a postura das personagens no cartaz sugerem?

_____

_____

c) O que a atitude do cidadão que vê o cartaz permite concluir?

_____

_____

d) Que crítica o chargista faz nessa charge?

e) Por que no cartaz foi escrito **neste** e não **este**?

6. Leia as frases e indique o sentido do verbo precisar em cada contexto.

| (A) ter necessidade | (B) indicar com precisão |

( ) **a)** O policial precisou o lugar do crime.
( ) **b)** As crianças precisam de afeto.
( ) **c)** O país precisa de médicos.
( ) **d)** Não souberam precisar a quantia desviada dos cofres públicos.

7. Reescreva as frases a seguir trocando o verbo destacado por aquele entre parênteses. Faça as alterações necessárias.

a) Todos os vestibulandos **desejam** uma vaga na universidade. (aspirar)

b) Essa mudança **objetivava** melhorar a produtividade da equipe. (visar)

c) O desempenho do atleta não **satisfez** o técnico. (agradar)

4. ORAÇÃO E PERÍODO

Oração é o enunciado que se forma em torno de um verbo ou de uma locução verbal.

Período é o enunciado com uma ou mais orações. O período simples tem apenas uma oração; já o período composto apresenta mais de uma oração.

A frase sem verbo é chamada **frase nominal**.

1. Observe com atenção o texto de capa da revista reproduzida a seguir.

As últimas descobertas da ciência revolucionam o que sabemos sobre o Universo — e nos deixam a um passo de comprovar a existência de vida fora da Terra.

Hitler e o papa

Phone! Revolução do Google Phone

Cabe ainda mais gente no mundo?

Como falar de livros que você não leu

O começo do fim dos anglicanos

a) Releia os textos da capa e assinale a afirmação **incorreta**.
   ( ) I. "Não estamos sozinhos" é um período simples.
   ( ) II. Em "As últimas descobertas da ciência revolucionam o que sabemos sobre o Universo — e nos deixam a um passo de comprovar a existência de vida fora da Terra", há um período composto.
   ( ) III. Em "Cabe ainda mais gente no mundo?", há apenas um verbo; portanto, o período é composto.

b) Na parte inferior da capa, releia os títulos de matérias da revista. Depois, coloque-os nas linhas adequadas do quadro abaixo.

Frase nominal	
Frase nominal	
Frase nominal	
Período simples	
Período composto	

2. Leia a tira de Hagar e coloque V (verdadeiro) ou F (falso) nos parênteses a seguir.

O MELHOR DE HAGAR   DIK BROWNE

( ) a) Na tira há uma frase nominal.
( ) b) A fala de Helga no segundo quadrinho é um período simples.
( ) c) Na fala de Hagar, no primeiro quadrinho, há apenas um período.
( ) d) "Entre e cumprimente a mulherzinha, aposto que ela vai ficar doidinha quando me vir!" é um período composto.
( ) e) "Eu estive fora de casa por um ano!" é um período composto.

3. Leia a tira.

CALVIN & HAROLDO   BILL WATTERSON

a) Transcreva da tira um período com apenas um verbo. Esse período é simples ou composto?

_____

b) Transcreva da tira os períodos compostos.

_____
_____
_____

c) Em cada período composto da tira, há quantas orações?

_____
_____

d) Thomas Jefferson foi um dos principais responsáveis pela declaração de Independência dos Estados Unidos. Considere essa informação e explique: por que Calvin espera que ele apareça com presentes?

_____

_____

_____

5. ORAÇÕES COORDENADAS E CONJUNÇÕES COORDENATIVAS

As **orações coordenadas** são ligadas umas às outras no período composto por coordenação e apresentam independência sintática. São **sindéticas** quando introduzidas por conjunções coordenativas, e **assindéticas** quando não o são.

De acordo com a relação que expressam, as **orações coordenadas sindéticas** classificam-se em:

- **aditivas** (adição): *Vestiu-se **e** foi ao cinema.*
- **adversativas** (adversão, oposição): *Vestiu-se, **mas** ficou em casa.*
- **alternativas** (alternância): ***Ou** saía, **ou** ficava em casa.*
- **conclusivas** (conclusão): *Ela não está em casa; **logo**, saiu.*
- **explicativas** (explicação): *Ficou em casa, **pois** estava chovendo.*

As **conjunções coordenativas** estabelecem relações entre as **orações coordenadas sindéticas**, considerando o contexto em que estão inseridas. Classificam-se em:

- **aditivas**: *e, nem, não só... mas também.*
- **adversativas**: *mas, porém, contudo, todavia.*
- **alternativas**: *ou, ou... ou, ora... ora.*
- **conclusivas**: *logo, pois* (depois do verbo)*, portanto, por isso.*
- **explicativas**: *pois* (antes do verbo)*, que, porque, porquanto.*

1. Todo o texto que aparece nos três primeiros balões da tira a seguir corresponde a um único período composto por coordenação.

MINDUIM   CHARLES SCHULZ

a) Identifique as orações que aparecem nesse período.

_____

_____

b) Nessa tira, o suspense é muito importante para a construção do humor. O fato de as orações coordenadas serem assindéticas contribui para o suspense?

c) De que forma a atitude do cachorro complementa o trabalho de construção do humor?

2. Na tira a seguir, a personagem "arredonda" informações pessoais ao preencher dados em um *site* da internet. Leia a tira.

COMO SIMPLIFICAR AS INFORMAÇÕES PESSOAIS NA NET... WWW.MULHER30.COM.BR

PESO 68, MAS VOU "ARREDONDAR" PRA 60!

ALTURA 1,56, MAS VOU "ARREDONDAR" PRA 1,70!

IDADE 36, MAS VOU "ARREDONDAR" PRA 30!!

a) Na fala da garota há uma conjunção que se repete. Qual?

b) Que relação de sentido ela estabelece?

c) Como essa conjunção contribui para a construção do humor do texto?

d) Por que a garota "arredondaria" seus dados pessoais?

e) Que consequências essa escolha de "arredondar" informações pode ter?

3. No texto abaixo, o poeta gaúcho Mario Quintana (1906-1994) fala sobre a vida de um escritor.

Biografia

Era um grande nome — ora que dúvida! Uma verdadeira glória. Um dia adoeceu, morreu, virou rua... E continuaram a pisar em cima dele.

Mario Quintana. Disponível em: <http://www.releituras.com/mquintana_cadernoh.asp>.
Acesso em: 27 nov. 2018. © by Elena Quintana.

a) Separe e classifique as orações do trecho "Um dia adoeceu, morreu, virou rua...".

b) No trecho "E continuaram a pisar em cima dele", a forma verbal utilizada mostra que essa ação acontecia também quando o escritor era vivo. Com o uso da conjunção adequada, escreva um período que deixe clara essa informação. Inicie-o com "Era um grande nome".

4. Leia o título de um artigo de uma revista.

O aquecimento global é um cenário sombrio, mas ainda é reversível

Disponível em: <http://revistagalileu.globo.com/Revista/noticia/2014/05/era-dos-extremos.html>. Acesso em: 27 nov. 2018.

a) Dois adjetivos caracterizam o cenário do aquecimento global. Quais?

b) Essas características apresentam perspectivas positivas ou negativas para o cenário do aquecimento global? Explique.

c) Qual é a conjunção que liga as orações do período?

d) Que relação de sentido ela estabelece entre as orações?

e) Separe e classifique essas orações.

f) Transforme o período composto em dois períodos simples.

▶ O trecho abaixo, de Marcelo Rubens Paiva, narra um momento de uma sessão de autógrafos. Leia-o com atenção para responder às questões de 5 a 9.

Abraço ou beijo

Assino "Stella, um beijo, Marcelo", entrego o livro e sorrio. Porque vem a foto. Agora, noites de autógrafos são também sessões de fotos. Um amigo do autografado sempre tem em mãos um celular com câmera. Não bastam as dedicatórias. Não basta a assinatura. Desejam a prova visual.

Mas ele não sabe tirar, ou não consegue focar, ou ligar o *flash*, ou não gosta da foto e pede para repetir. E novamente preparo o disfarce da felicidade para um sujeito que nunca vi na vida, ao lado de uma leitora empolgada, que me agarra pelo pescoço e me beija, deixando uma marca de batom, enquanto a fila está grande. E penso: vou passar a noite nessa.

Marcelo Rubens Paiva. *Crônicas pra ler na escola*.
São Paulo: Objetiva, 2011. p. 75.

5. No título do texto, "Abraço ou beijo", que relação de sentido a conjunção ou estabelece entre os termos que o compõem?

6. No texto, essa conjunção aparece outras vezes. Transcreva as orações em que isso acontece e classifique-as.

7. Considerando o assunto tratado, qual é a função dessas orações no trecho?

8. Releia este trecho.

"Assino 'Stella, um beijo, Marcelo', entrego o livro e sorrio."

a) Quais são as orações que compõem o período acima?

b) Que função exerce a conjunção **e** nesse período?

c) Classifique as orações desse período.

9. Observe o trecho a seguir.

"[...] entrego o livro e sorrio. Porque vem a foto."

a) Qual é a função da oração "Porque vem a foto"?

b) Embora as orações estejam separadas por ponto-final, elas claramente pertencem a um mesmo período. Qual é o efeito produzido pelo emprego de ponto-final antes da conjunção nesse caso?

10. Usando os códigos do quadro, classifique as orações coordenadas destacadas nos períodos a seguir.

> (ASS) assindética
> (ADI) sindética aditiva
> (ADV) sindética adversativa
> (ALT) sindética alternativa
> (CON) sindética conclusiva
> (EXP) sindética explicativa

a) Fale agora **ou cale-se para sempre**. (   )
b) "Penso, **logo existo**." (René Descartes) (   )
c) Cumprimente-o, **pois passou no vestibular**. (   )
d) Esse jovem não trabalha **nem estuda**. (   )
e) Tentou mais uma vez **e conseguiu o que queria**. (   )
f) É pra rir **ou pra chorar**? (   )
g) Ele nunca havia experimentado aquele doce **e aprovou o sabor**. (   )
h) O filho chegou, a filha saiu, a mãe não notou. (   )

11. Observe as duas orações que compõem o período a seguir.

> Fale baixo: não sou surdo!

a) Qual é a relação de sentido entre elas?

_____

b) Reescreva o período, acrescentando uma conjunção que mantenha seu sentido. Depois, classifique as orações.

_____
_____
_____

12. Imagine que as seguintes frases sejam ditas por um vendedor de automóveis a um provável comprador.

> O carro é caro, mas é bom.
> O carro é bom, mas é caro.

a) Qual é a conjunção que une as orações? Classifique-a.

_____
_____

b) Separe e classifique as orações que compõem cada período.

_____
_____

c) Qual das duas orações do quadro seria mais agradável ao comprador? Explique.

13. A partir dos períodos simples dados a seguir, construa períodos compostos por coordenação unindo as orações. Utilize a conjunção coordenativa apropriada e faça as alterações necessárias. Depois, classifique as orações.

a) Comprou o livro. Precisava estudar.

b) O técnico entregou o troféu ao time vitorioso. Os jogadores saíram para comemorar.

c) Fazia sol. Foram à praia.

d) Não gostava de cantar. Não gostava de dançar.

e) Não gostava de doces. Amava sorvetes.

14. O texto a seguir é uma resenha crítica.

O homem de aço — Desvendando o lendário mundo do Superman

Fazer um filme não é fácil, todo o mundo sabe disso, e O homem de aço com certeza deve estar na lista dos mais trabalhosos. Com O homem de aço — Desvendando o lendário mundo do Superman (Panini, 160 pgs., R$ 89), você vai entender tudo por trás dele.

[...]

Nesse livro, você acaba conhecendo tudo o que se passa no filme, desde o elenco e a roupa dos personagens até os lugares onde a trama se passa. Ele mostra os dois mundos da história: tanto a Terra, em Smallville, quanto uma visão completa de Krypton, em Kandor.

[...]

Vale muito a pena comprar esse livro. Ele é bom não só para os aficionados pelo herói, mas também para qualquer amante da sétima arte. A edição brasileira tem capa dura e formato 23,5 × 28,5 cm, com uma impressão caprichada que valoriza as imagens.

[...]

Disponível em: <http://mundoestranho.abril.com.br/blogs/turma-do-fundao/dica-tdf-o-homem-de-aco-desvendando-o-lendario-mundo-do-superman/>. Acesso em: 23 maio 2014. (Fragmento).

a) Que argumentos o autor do texto empregou para justificar seu ponto de vista a respeito da obra analisada?

b) Qual é a relação estabelecida entre os termos destacados no texto?

6. PERÍODO COMPOSTO POR SUBORDINAÇÃO. ORAÇÕES SUBORDINADAS SUBSTANTIVAS

No **período composto por subordinação** uma das orações exerce função sintática em relação à outra oração. É formado por oração principal e oração subordinada, em que esta completa o sentido daquela. Há, portanto, uma relação de dependência sintática entre as orações.

Essa função sintática pode ser desempenhada por substantivo, adjetivo ou advérbio. As **orações subordinadas substantivas** exercem as funções sintáticas próprias do substantivo: sujeito (**OSS subjetiva**), objeto direto (**OSS objetiva direta**), objeto indireto (**OSS objetiva indireta**), complemento nominal (**OSS completiva nominal**), aposto (**OSS apositiva**) e predicativo (**OSS predicativa**).

Em geral, essas orações são introduzidas pelas **conjunções integrantes** *que* e *se*, mas em alguns casos podem ser introduzidas por advérbio interrogativo (*quando, como, por que*, etc.) ou por pronome interrogativo e indefinido (*quem, qual, quanto*, etc.).

Quando a oração subordinada é introduzida por conjunção ou pronome e apresenta o verbo flexionado no infinitivo ou subjuntivo, é chamada **oração subordinada desenvolvida**. Quando não é introduzida por conjunção e o verbo está no infinitivo, gerúndio ou particípio, é chamada **oração subordinada reduzida**.

1. Leia as duas tiras a seguir.

Tira 1

O MELHOR DE HAGAR   DIK BROWNE

Tira 2

O MELHOR DE HAGAR DIK BROWNE

> TODO MUNDO DIZ QUE EU NÃO SOU UMA DAMA... QUE EU SOU MUITO BRUSCA... VOCÊ NÃO PENSA ASSIM, NÃO É, HAMLET?

> HAMLET?

> EI, ESTÚPIDO! EU TÔ FALANDO COM VOCÊ!!

a) Considere a fala de Hérnia no segundo quadrinho da tira 1, "Eles disseram que eu não pareço com uma dama!", e coloque V (verdadeiro) ou F (falso) nas alternativas.

( ) I. Nessa fala de Hérnia há duas orações.
( ) II. "Eles disseram" é oração subordinada substantiva.
( ) III. Em "que eu não pareço com uma dama", **que** é conjunção integrante.
( ) IV. A oração "que eu não pareço com uma dama" exerce função sintática de objeto direto e classifica-se como subordinada substantiva objetiva direta.

b) Na tira 2, há duas orações subordinadas com a mesma classificação de "que eu não pareço com uma dama", da tira 1. Quais são elas?

c) Nas duas tiras, a estratégia para a construção do humor é a mesma. Explique-a.

d) Você concorda que as atitudes da personagem não são femininas, como dizem os colegas de Hamlet, ou isso é preconceito? Por quê?

2. Leia a tira de Hagar.

O MELHOR DE HAGAR — Dik Browne

Quadrinho 1:
Helga: O SEU PROBLEMA É QUE VOCÊ NÃO DÁ VALOR À FELICIDADE!
Hagar: DOU SIM!

Quadrinho 2:
Hagar: Eu Amo a Felicidade...

Quadrinho 3:
Hagar: MAS EU NÃO ME IMPORTARIA COM UM POUCO DE DIVERSÃO...

a) Nessa tira, Helga reclama que Hagar não dá "valor à felicidade". Na sua opinião, Hagar pensa do mesmo modo que a esposa? Por quê?

b) Transcreva a fala de Helga do primeiro quadrinho, separando as orações do período e classificando-as.

3. Observe os termos que compõem as orações principais dadas a seguir e marque nos parênteses o código da função sintática que corresponderia à oração subordinada.

(SU) sujeito (OD) objeto direto
(PR) predicativo (CN) complemento nominal
(OI) objeto indireto (AP) aposto

a) Os alunos eram capazes (   )
b) A verdade é (   )
c) Todos diziam (   )
d) Recomenda-se (   )
e) As garotas gostariam (   )
f) Estava certo (   )
g) Aninha queria apenas isto: (   )

4. Complete os períodos com orações subordinadas substantivas.

   a) Os alunos eram capazes _____

   b) A verdade é _____

   c) Todos diziam _____

   d) Recomenda-se _____

   e) As garotas gostariam _____

   f) Estava certo _____

   g) Aninha queria apenas isto: _____

5. Transforme as orações subordinadas substantivas desenvolvidas em reduzidas e classifique-as.

   a) O pai decidiu isto: que ele passará mais tempo com os filhos.

   b) É indispensável que saia do recinto.

   c) Ele disse que não se lembrava do ocorrido.

   d) Estava certa de que era sua vez de falar.

   e) O médico insistiu para que a família tivesse refeições mais saudáveis.

6. Considere as duas situações abaixo e marque V (verdadeiro) ou F (falso) nos parênteses.

I. O aluno ainda não sabe que a prova foi adiada.
II. O aluno ainda não sabe se a prova foi adiada.

( ) **a)** Os dois períodos informam o mesmo fato.
( ) **b)** Na situação I, o aluno ignora que a prova foi adiada; na II, ele apenas não tem certeza disso.
( ) **c)** As responsáveis pela alteração de sentido são as conjunções **que** e **se**.
( ) **d)** Somente no caso I a oração subordinada é substantiva objetiva direta.
( ) **e)** Diferentemente de **que**, a conjunção **se** não pode ser integrante.
( ) **f)** Em ambos os casos, a oração subordinada exerce função de objeto direto.

7. Leia o texto de João Ubaldo Ribeiro (1941-2014).

Já podeis da pátria filhos

Sabe-se que o estrangeiro, ao jogar futebol, ataca o balão de couro como se fosse inimigo. Há quem diga que o joelho empedrado é natural do gringo, variando uma besteirinha de acordo com a espécie. Isto devido à comida que eles comem, que é muito melhor do que a comida que o brasileiro come, com exceção de que o joelho fica empedrado. Porém a comida dá enormes sustanças e além disso eles usam foguetes e o raio leise. Ninguém me diga que a Hungria não usou o raio leise em cinquenta e quatro, quando eles davam de 11 a 8 e 19 a 15 e 48 a 0 em quem aparecesse, eles não facilitavam. Disse seu Góes, que não esteve nessa copa, aliás não esteve em copa nenhuma, mas esteve com Pongó que o primo esteve nessa copa, que eles vinham lá de baixo do campo parecendo uns cavalos, tudo falando hurunguês e dando aqueles passes de joelho empedrado, situque-situque. Pela cara de abestalhado que eu vi numa revista, pela cara de abestalhado que ficou um beque, quando esse cabeceador pulou de um jeito que quase amunta nas costas do beque e olhe que o beque tinha subido e era maior do que Chico do Correio, a gente via que o beque só podia estar estontecido pelo leise [...]
[...]

João Ubaldo Ribeiro. Disponível em: <http://www.releituras.com/i_spacca_joaoubaldo.asp>.
Acesso em: 27 nov. 2018. (Fragmento).

- Dadas as orações principais abaixo, extraídas do texto, complete os períodos com as respectivas subordinadas e classifique-as.

a) "Sabe-se _____

_____

b) "Ninguém me diga _____

_____

c) "a gente via _____

_____

COESÃO

1. PRONOMES E COESÃO REFERENCIAL 74
2. LOCUÇÕES PREPOSITIVA E CONJUNTIVA 82
3. EXPRESSÕES CONECTIVAS E
   OUTROS ELEMENTOS COESIVOS 85

COESÃO

1. PRONOMES E COESÃO REFERENCIAL

Os **pronomes** representam, retomam ou acompanham outras palavras, principalmente substantivos; também podem remeter a orações e frases anteriores. São eles:

- **Pronomes pessoais:** representam as pessoas do discurso a que se referem — 1ª, 2ª ou 3ª pessoa. Podem ser retos (*eu, ele, nós, elas*, etc.) ou oblíquos (*me, lhe, conosco, si*, etc.).
- **Pronomes de tratamento:** indicam o tratamento dado às pessoas (*você, senhor, Vossa Senhoria*, etc.).
- **Pronomes possessivos:** exprimem posse ou pertencimento indicando a pessoa (*meus, tua, nosso, seu*, etc.).
- **Pronomes demonstrativos:** mostram o que foi ou será mencionado (*isso, esta, aqueles*, etc.).
- **Pronomes indefinidos:** acompanham ou substituem o substantivo, dando-lhe ideia de generalidade ou indefinição (*algo, tudo, alguém*, etc.).
- **Pronomes interrogativos:** formulam perguntas diretas ou indiretas (*quem, quanto, quais*, etc.).
- **Pronomes relativos:** substituem um termo anterior — o antecedente — e estabelecem uma relação entre orações (*o qual, cuja, quem, quanto, onde*, etc.).

Observações:

- O pronome relativo pode vir acompanhado de preposição para marcar sua ligação com outra palavra da oração, se esta assim o exigir.
- O uso impreciso dos pronomes pode causar ambiguidade; por isso, deve-se empregá-los com o cuidado de tornar sua referência o mais clara possível.
- Os pronomes são fundamentais nas construções textuais, pois contribuem com a clareza, a coerência e a coesão dos textos.

▶ Leia o texto para responder às questões 1 a 4.

> — Você pensa em fazer o que com isto? — indagou Lia.
> — Hmmm... Ainda não sei. Mas pode colocar perto dos seus. — Beto respondeu, franzindo a testa.
> — Já decidiu o que vai fazer quando chegar lá? — perguntou a amiga, sempre curiosa e insistente.
> — Sim. Vou esclarecer tudo com ela e tentar chegar a uma solução para aquilo.
> — respondeu Beto, agora com o olhar longe e o coração destemido.

1. Quem são as personagens desse texto? E que tipo de relação elas têm provavelmente?

_____

_____

2. O texto está em discurso direto? Justifique sua resposta.

_____

_____

3. Embora seja possível fazer deduções da cena, algumas palavras do texto não podem ser compreendidas, pois não se sabe em qual situação ocorre o diálogo. Que palavras são essas?

_____

4. Se esse diálogo fizesse parte de uma crônica, o leitor provavelmente precisaria de uma contextualização da situação comunicativa entre as personagens.

- Reescreva o diálogo para que ele possa compreender essas palavras indicadas na questão 3. Você pode substituir ou acrescentar palavras, como mostra o exemplo.

> — Você pensa em fazer o que com *esse caderno*? — indagou Lia.
>
> — Hmmm... Ainda não sei. Mas pode colocar perto dos *seus livros*. — Beto respondeu, franzindo a testa.

_____

_____

_____

▶ Leia o texto para responder às questões 5 a 10.

Ao contrário do que muitos pensam, gatos não são animais solitários. Eles se beneficiam muito ao ter outro felino como companheiro. Porém, por serem territoriais, o processo de introdução requer delicadeza e paciência. Se for apressado ou incorreto pode fazer com que os gatos se tornem inimigos. Por outro lado, a introdução correta pode abrir as portas para uma grande amizade ao longo da vida felina.

Se você não tem certeza de que seu gato aceitará bem a chegada do outro, evite que eles se encontrem repentinamente. Isto pode acabar em briga. Coloque o novo animal em um ambiente separado, com água, comida, brinquedos, casinha e a caixa de areia. Após a adaptação do novo integrante ao ambiente, onde ele realiza as atividades corriqueiras como comer, brincar, usar a caixa sanitária e dormir, os dois gatos poderão ser apresentados.

Primeiramente, os gatos poderão ouvir um ao outro. Depois eles vão sentir o cheiro um do outro. Em seguida, poderão ver o outro, sempre de forma controlada. Uma boa opção para evitar sustos é colocar o novo animal dentro de uma caixa de transporte e deixar que o outro se aproxime.

Ofereça recompensas, como afagos e petiscos, para que relacionem a presença do outro com algo bom e prazeroso. Se a resposta a esta aproximação for positiva, finalmente eles poderão se tocar. A qualquer sinal de agressividade ou apreensão, retornar à etapa anterior até que a aproximação ocorra sem problemas. Alguns gatos podem apresentar comportamentos como: miados, urinar pela casa, destruir objetos. Isso pode ser por insegurança. Nestes casos, feromônios artificiais adquiridos em *pet shop* podem ser usados para diminuir o estresse.

Fernanda Fragata. *Época*. Disponível em: <https://epoca.globo.com/colunas-e-blogs/fernanda-fragata/noticia/2014/01/badotei-mais-um-gatinhob-como-evitar-brigas-em-casa.html>.
Acesso em: 5 dez. 2018.

5. Releia o texto e pense em um título.

   a) Elabore um título considerando o que é tratado no texto.

   b) O seu título tem algum pronome (pessoal, possessivo, demonstrativo, etc.)? Se sim, qual?

6. Observe o trecho abaixo.

   "Ao contrário do que muitos pensam, gatos não são animais solitários. Eles se beneficiam muito ao ter outro felino como companheiro."

   a) Nesse trecho, há um pronome pessoal. Qual é ele? Esse termo substituiu qual termo que aparece anteriormente na frase?

   b) O pronome usado está no singular ou no plural? Explique.

c) Em sua opinião, por que a autora usou **outro felino** em vez de **outro gato** nessa frase?

7. Leia este trecho, retirado do texto de Fernanda Fragata.

   "Se você não tem certeza de que seu gato aceitará bem a chegada do outro, evite que eles se encontrem repentinamente. Isto pode acabar em briga."

   a) Os termos destacados fazem referências anteriores. Quais são elas? Explique.

   b) Imagine que você tem uma gata, adotou uma cachorra e tem certeza de que os animais se darão bem. Então, como poderia ficar a construção da frase?

8. Releia o trecho a seguir.

   "Coloque o novo animal em um ambiente separado, com água, comida, brinquedos, casinha e a caixa de areia. Após a adaptação do novo integrante ao ambiente, onde ele realiza as atividades corriqueiras como comer, brincar, usar a caixa sanitária e dormir, os dois gatos poderão ser apresentados."

   a) O pronome pessoal **ele** refere-se a uma das palavras da oração destacada. A qual dessas palavras? Como você chegou a essa conclusão?

b) É possível considerar que o pronome **ele** poderia se referir à palavra **adaptação**? E ao termo **ambiente**? Justifique suas respostas.

c) Assinale a alternativa incorreta. Considerando o contexto em que se insere na frase citada, o termo **onde**:
( ) I. refere-se à palavra **ambiente**, da oração principal.
( ) II. aparece em um período composto.
( ) III. liga uma oração à outra.
( ) IV. é um pronome relativo.
( ) V. está relacionado com um termo da oração, mas sem um antecedente.

9. Volte ao penúltimo parágrafo do texto. Marque V (verdadeiro) ou F (falso) nas alternativas.
( ) a) Nesse parágrafo, há expressões que marcam a sequência de ideias.
( ) b) Essas expressões são: **primeiramente**, **depois**, **em seguida**.
( ) c) Essas expressões podem ser, respectivamente, substituídas por: **no entanto**, **porém**, **finalmente**.
( ) d) Essas expressões podem ser, respectivamente, substituídas por: **em primeiro lugar**, **em segundo lugar**, **em terceiro lugar**.
( ) e) Essas expressões não contribuem para a coesão e a coerência do texto.

10. Releia este trecho.

> "Alguns gatos podem apresentar comportamentos como: miados, urinar pela casa, destruir objetos. Isso pode ser por insegurança. Nestes casos, feromônios artificiais adquiridos em *pet shops* podem ser usados para diminuir o estresse."

a) O pronome demonstrativo **isso** retoma quais elementos do trecho anterior?

b) A expressão **nestes casos** refere-se a quê?

c) O que significa o termo **feromônios**? Consulte um dicionário e defina o termo com suas próprias palavras, considerando o contexto da frase.

d) Com base no que você definiu, substitua o termo **feronômios** por uma explicação e responda: o trecho ficou mais conciso do que o original? Por quê?

▶ Leia o texto para responder às questões 11 a 15.

Cosméticos franceses, vidros de perfume e um frasco de água de colônia com o (sugestivo) nome de "anticatinga": tudo isso estava no lixo da Casa de Bragança, a dinastia portuguesa que governou o Brasil na época do Império.

O material foi encontrado durante as escavações que precederam a construção de uma fábrica de componentes para a expansão do metrô no centro do Rio de Janeiro. Antigamente, no local, era depositado o lixo do palácio imperial. Antes de chegar ao que era um nobre "lixão", os arqueólogos tiveram que escavar sobre os escombros de casas e colinas que foram derrubados durante o plano de urbanização realizado no final do século XIX e início do século XX, época em que o Rio de Janeiro ainda era a capital do país.

[...]

Entre os objetos se destacam uma escova de dente com alusão ao imperador Dom Pedro II — ela contém uma inscrição em francês que diz "Vossa Majestade o Imperador do Brasil", o que pode indicar que pertencia ao imperador ou a alguém próximo a ele — pratos e vasilhas de cerâmica, cachimbos com restos de tabaco, produtos de herbário e farmácia.

[...]

Júlia Matravolgyi. *Superinteressante*. Disponível em: <http://super.abril.com.br/blogs/historia-sem-fim/objetos-da-familia-real-portuguesa-sao-encontrados-durante-obra-dometro-do-rj/>. Acesso em: 14 abr. 2014. (Fragmento).

11. Você leu um texto publicado em uma revista.
    a) Do que trata esse texto?

    b) Com base na sua resposta do item **a**, elabore um título considerando o que é tratado no texto.

12. Os arqueólogos estudam, por meio de materiais que restaram de povos, os costumes e culturas desses povos. Reescreva o terceiro parágrafo substituindo arqueólogos **por** pesquisadora, escombros **por** ruínas **e** plano **por** projetos, e fazendo as concordâncias necessárias.

13. Releia o trecho abaixo.

    "Entre os objetos se destacam uma escova de dente com alusão ao imperador Dom Pedro II — ela contém uma inscrição em francês que diz "Vossa Majestade o Imperador do Brasil", o que pode indicar que pertencia ao imperador ou a alguém próximo a ele — pratos e vasilhas de cerâmica, cachimbos com restos de tabaco, produtos de herbário e farmácia."

    a) A qual palavra ou expressão se referem os pronomes pessoais **ela** e **ele**?

b) As palavras destacadas no trecho poderiam ser substituídas por **eles** ou **elas**. Relacione-as a esse pronomes. Depois, justifique sua resposta.

_____

_____

c) Na frase "ela contém uma inscrição em francês que diz 'Vossa Majestade o Imperador do Brasil'", o pronome relativo **que** remete a qual termo?

_____

14. Com base no texto, assinale V (verdadeiro) ou F (falso) nas alternativas. Em seguida, reescreva de maneira correta as alternativas que você marcou F.

( ) a) No primeiro parágrafo, **tudo isso** remete a "cosméticos franceses".

_____

_____

( ) b) No primeiro parágrafo, **que** remete a **Casa de Bragança**.

_____

_____

( ) c) No trecho "O material foi encontrado durante as escavações que precederam a construção de uma fábrica de componentes", **que** remete a **escavações**.

_____

_____

( ) d) Nesses exemplos, a expressão **tudo isso** e o pronome relativo **que** evitam a repetição de termos, bem como relacionam os elementos nas orações.

_____

_____

15. Imagine que foi encontrado um fragmento de um texto escrito por D. Pedro II. Complete como se fosse o Imperador.

a) Eu tive com Teresa Cristina: Isabel, Leopoldina, Afonso e Pedro Afonso. Eles são _____ filhos.

b) Aprecio deveras essa escova de dente. Ela foi feita com marfim e osso. Também é do _____ apreço esse alfinete de gravata. Esses objetos são _____ preferidos.

2. LOCUÇÕES PREPOSITIVA E CONJUNTIVA

Locução prepositiva

A **preposição** é uma palavra invariável que liga outras palavras, estabelecendo relações de sentido entre elas. As principais preposições são: *a, ante, após, até, com, contra, de, desde, em, entre, para, perante, por, sem, sob, sobre*.

A expressão, formada por duas ou mais palavras, com valor de preposição é chamada **locução prepositiva**. Essa locução sempre termina com uma preposição: *abaixo de, atrás de, a fim de, além de, antes de, ao lado de, de acordo com, perto de, por causa de, através de*, etc.

A mudança de preposição, em uma locução, leva à mudança de significado. Observe a seguir algumas locuções parecidas que costumam causar confusão quando empregadas.

- **A par de** – significa "estar ciente de, ter conhecimento de".
  Ao par – é usada somente para indicar equivalência de valores financeiros.

- **Ao encontro de** – significa "de acordo com"; indica situação favorável.
  De encontro a – significa "contrário a"; indica oposição.

- **Ao invés de** – significa "ao contrário de"; refere-se a ideias contrárias, opostas.
  Em vez de – equivale a "no lugar de"; indica uma mera substituição, e não há ideia de oposição. Essa expressão pode ser empregada no lugar de *ao invés de*, mas o contrário não é possível.

- **Em via de** – significa "prestes a, a caminho". A expressão *em vias de* é usada em situações informais, mas não está de acordo com as normas urbanas de prestígio.

Locução conjuntiva

Conjunção é uma palavra invariável que liga orações ou termos de uma oração, estabelecendo uma relação entre elas.

A expressão com duas ou mais palavras que tem valor de conjunção é chamada **locução conjuntiva**. A locução conjuntiva sempre termina com as conjunções *que* ou *se*. Assim como a locução prepositiva, a locução conjuntiva tem um emprego significativo na coesão textual.

As conjunções e as locuções conjuntivas introduzem orações, indicando a circunstância que essas orações expressam. Veja a seguir algumas das locuções conjuntivas mais usadas.

- **À medida que** – expressa ideia de proporção.

- **Na medida em que** – expressa ideia de condição e pode ser substituída por *se* ou *caso*. Essa expressão costuma ser usada no dia a dia para expressar ideia de proporção, mas esse uso não está de acordo com as normas urbanas de prestígio.

- **Antes que** – expressa ideia de anterioridade. As expressões *antes de que, de formas que, de maneiras que, de modos que* são usadas informalmente, mas não estão de acordo com as normas urbanas de prestígio.

- **Apesar de que** – expressa uma ideia contrária a outra, mas sem anulá-la.

1. Leia as frases seguintes e sublinhe as preposições. Depois informe as relações de significado que elas estabelecem entre as palavras, conforme os códigos no quadro abaixo.

assunto (AS)	instrumento (IN)	finalidade (FI)	origem (OR)	modo (MO)
companhia (CO)	oposição (OP)	destino (DE)	meio (ME)	lugar (LU)

   a) Mariana voltou para ficar. ( )
   b) Chegou atrasado porque veio de trem. ( )
   c) Já tarde, decidiu sair com o pai. ( )
   d) Escreva sobre os últimos acontecimentos. ( )
   e) Lutou contra todos bravamente. ( )
   f) Explicaram toda a matéria com clareza. ( )
   g) Na semana passada, meu irmão foi a Belém. ( )
   h) Eles são de Curitiba. ( )
   i) Ela mora em Belo Horizonte. ( )
   j) O artista pintou o retrato com o pincel. ( )

2. Sublinhe as locuções prepositivas nas frases a seguir e associe-as às relações de significado estabelecidas por elas.

   a) Comprou a coletânea a fim de ler Fernando Pessoa.
   b) Lutou bastante por meio de campanhas.
   c) Falou muito a respeito de sua própria vida.
   d) Ainda não estou a par de tudo.
   e) A cidade fica a cerca de três horas daqui.
   f) A decisão veio ao encontro de nossos desejos.
   g) A medida foi de encontro às aspirações dele.
   h) Em vez de viajar para a praia, viajou para o campo.
   i) Ao invés de subir, desceram.

   ( ) assunto
   ( ) distância
   ( ) acordo, satisfação
   ( ) substituição
   ( ) choque, contrariedade
   ( ) movimento oposto
   ( ) meio
   ( ) conhecimento
   ( ) finalidade

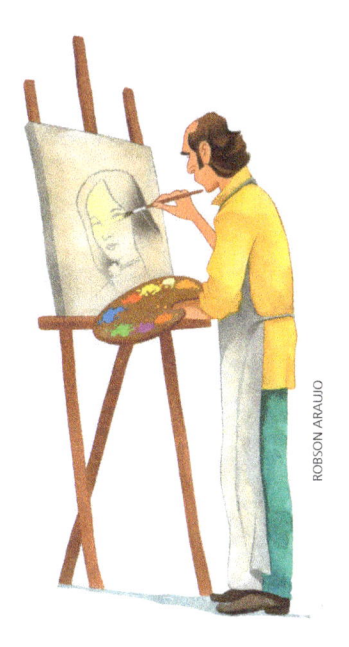

3. Complete as frases com uma das formas indicadas entre parênteses. Faça as adaptações necessárias.

a) Não conseguiu frear o carro e foi _____ poste. (ao encontro de / de encontro a)

b) O aumento salarial veio _____ reivindicações do grupo. (ao encontro de / de encontro a)

c) _____ estudar, preferiu trabalhar. (em vez de / ao invés de)

d) Tomou os antibióticos e, _____ melhorar, piorou. (em vez de / ao invés de)

e) Faz muito tempo que o real não está mais _____ dólar americano. (a par de / ao par de)

f) João está _____ negociações. (a par de / ao par de)

g) Fique tranquilo! Estou _____ ajudar. (afim / a fim de)

h) O português é uma língua _____ com o espanhol. (afim / a fim de)

4. Observe a ideia expressa pela locução conjuntiva **desde que** em cada oração e marque CO para condição e TE para tempo.

a) Desde que você queira, tudo será possível. ( )
b) Desde que o pai saiu de casa, o menino não parou de chorar. ( )
c) Compro um tênis novo para você, desde que jogue fora o velho. ( )
d) Não fez mais nada desde que voltou da escola. ( )
e) Ele não foi visto na cidade desde que ficou milionário. ( )
f) Não me importo que você vá ao *show*, desde que não falte à aula amanhã. ( )

5. Leia esta tira.

FRANK & ERNEST   BOB THAVES

a) O que a aparência das personagens indica a respeito do estado de espírito em que se encontram?

_____

_____

b) Encontre na fala da personagem uma locução conjuntiva e copie-a.

c) Que elementos estão ligados por essa locução?

d) Que expectativa é criada quando a personagem diz "Gosto de chegar cedo ao trabalho"?

e) A locução conjuntiva e a oração que ela introduz quebram essa expectativa? Justifique.

3. EXPRESSÕES CONECTIVAS E OUTROS ELEMENTOS COESIVOS

▶ Leia o texto para responder às questões 1 e 2.

Urbanistas, arquitetos, engenheiros e gestores públicos ouvidos pela *Folha* apontaram os ingredientes que compõem a receita de uma cidade ideal para os moradores.

Eles dizem que não existe solução única, apostando todas as fichas em só um meio de transporte.

É fundamental conhecer as necessidades atuais e futuras, para planejar o crescimento e a oferta dos serviços na medida. Às vezes, é uma questão mais de massa cinzenta do que de aço e concreto.

Urbanismo

A cidade ideal reúne o que a vida urbana tem de melhor, como oportunidades de trabalho e cultura, sem o pior, como os congestionamentos. Além de várias opções de transporte, as áreas comerciais e residenciais são mescladas, o que distribui melhor a população e evita a realização de grandes viagens.

[...]

Calçadas

Toda viagem começa a pé, por isso as calçadas precisam ser seguras, acessíveis e com espaço suficiente para os pedestres. Como são as "vias" que ligam os centros dos bairros aos eixos de transporte público, especialistas defendem que sua conservação deve ser feita pelo poder público, da mesma forma que as ruas.

[...]

Disponível em: <http://www1.folha.uol.com.br/cotidiano/2013/10/1355355-a-cidade-dos-sonhos.shtml>.
Acesso em: 5 dez. 2018. (Fragmento).

1. Leia novamente o trecho a seguir.

> "É fundamental conhecer as necessidades atuais e futuras, para planejar o crescimento e a oferta dos serviços na medida."

a) Qual é a relação entre as orações unidas pela preposição **para**?

_____

b) Reescreva esse trecho, substituindo a palavra **para** por uma expressão equivalente, que mantenha a relação de sentido que você identificou. Se for necessário, faça adaptações.

_____
_____
_____

2. Releia os trechos a seguir.

> I. "A cidade ideal reúne o que a vida urbana tem de melhor, **como** oportunidades de trabalho e cultura, sem o pior, **como** os congestionamentos."
>
> II. "**Como** [as calçadas] são as 'vias' que ligam os centros dos bairros aos eixos de transporte público, especialistas defendem que sua conservação deve ser feita pelo poder público, da mesma forma que as ruas."

a) A palavra **como** possui inúmeras funções. Pode ser usada para introduzir a ideia de comparação, causa, condição, etc. Qual é a função dessa palavra em cada um dos dois trechos?

_____
_____

b) Reescreva o trecho II, substituindo a palavra **como** por uma expressão que torne explícita a relação de sentido que ela estabelece.

_____
_____
_____
_____
_____

Leia o texto para responder às questões 3 a 8.

Ruído ameaçador

Estudo inédito revela perfil acústico da baía de Guanabara e conclui que seus índices de poluição sonora subaquática são comparáveis aos piores do mundo, o que pode afetar a saúde e até a sobrevivência de animais marinhos, em especial os mamíferos aquáticos.

Discutir poluição sonora pode até parecer frescura para alguns. Especialmente no Brasil — onde a lista de dramas sociais e ambientais elenca itens muito mais sérios a serem remediados. Mas, se para seres humanos o ruído em excesso pode ser um mero desconforto, para mamíferos aquáticos a poluição sonora é um assunto de vida ou morte.

Afinal, esses mamíferos são totalmente dependentes dos sons para se alimentar e se reproduzir. É o caso dos cetáceos — ordem a que pertencem os golfinhos e as baleias, por exemplo. Mecanismos de ecolocalização são fundamentais à sua sobrevivência. Qualquer interferência **antrópica** que altere o perfil sonoro do ambiente aquático pode, portanto, ocasionar consequências sérias à preservação desses bichos.

E das águas cariocas vêm dados preocupantes sobre essa questão. [...]

Baía barulhenta

Na maior parte da baía de Guanabara, a barulheira subaquática preocupa. "Encontramos níveis de poluição sonora similares aos **aferidos** em áreas altamente impactadas, como a baía de Southould, nos Estados Unidos, e o estuário de St. Lawrence, no Canadá", diz a oceanógrafa Lis Bittencourt, do Laboratório de Mamíferos Aquáticos e Bioindicadores da Uerj. "Nos locais de maior tráfego de embarcações, os níveis de pressão sonora chegam a 180 decibéis", afirma a pesquisadora. Esse é o dobro do valor máximo esperado em condições naturais, que é de 90 decibéis.

[...]

Impactos silenciosos

Na baía de Guanabara, as águas são naturalmente turvas. Por esse motivo, a sobrevivência de muitos animais depende bem mais da audição do que da visão.

"O problema é que a poluição sonora, normalmente, não é causa de morte direta para a maioria dos animais aquáticos; ela provoca efeitos bem mais sutis", explica Bittencourt. "Ao prejudicar a comunicação, os elevados níveis de pressão sonora provocam reações metabólicas que resultam em estresse crônico, que poderá reduzir a imunidade desses mamíferos e facilitar assim o aparecimento de problemas típicos da poluição química a que está sujeita a baía."

De acordo com estudos diversos, cada espécie tem respondido de maneira distinta à intensificação da poluição sonora. "Baleias em diferentes lugares do mundo estão aumentando a intensidade e alterando a frequência de suas canções para que não sejam mascaradas pelo ruído gerado por navios; algumas espécies de golfinho também já alteraram as características de seus sinais acústicos em resposta ao ruído subaquático; e muitos peixes apresentam problemas de perda de audição e de equilíbrio", detalha Bittencourt. Segundo ela, o tema ganha cada vez mais relevância na comunidade científica.

Glossário

Antrópica: relativo às modificações provocadas pelo ser humano no meio ambiente.

Aferidos: obtidos.

Sinfonia da morte

Mas a poluição sonora pode ser a causa de problemas ainda maiores para os animais. É que, na busca por petróleo, é comum que as equipes técnicas de exploração promovam os chamados testes acústicos. São disparos sonoros extremamente intensos que, ao interagir com a geologia local, fornecem pistas sobre prováveis locais para prospecção.

Para alguns pesquisadores, a intensidade desses disparos sonoros pode estar relacionada a encalhes em massa de golfinhos em praias de diferentes locais do planeta. [...]

Henrique Kugler. Disponível em:
<http://cienciahoje.uol.com.br/ruido-ameacador>.
Acesso em: 5 dez. 2018. (Fragmento).

3. O segundo parágrafo conecta-se ao primeiro por meio da palavra afinal.
   a) Quais são as ideias que estão ligadas por essa palavra?

   b) Que relação essa palavra estabelece entre as ideias?

   c) Reformule a construção desse início de parágrafo, ligando as ideias identificadas por meio de outro conectivo ou expressão.

4. No final do segundo parágrafo, há uma conjunção que introduz uma conclusão em relação ao que se disse anteriormente.
   a) Qual é essa conjunção?

   b) Identifique nesse parágrafo o que é fato e o que é conclusão.

c) Reescreva o trecho, usando as conjunções **pois** ou **porque**. Faça as adaptações necessárias.

5. No quarto parágrafo, há uma relação de causa.
   a) Qual é a causa?

   b) E o que esse fato desencadeia?

   c) Nesse parágrafo, qual é a expressão que indica essa relação de sentido?

6. No texto, o autor faz citações de um especialista.
   a) Quem é esse especialista?

   b) Dê exemplo de uma dessas citações.

   c) Um sinal de pontuação foi usado para distinguir o pensamento do especialista, e não o do autor. Qual sinal é esse?

7. Observe as expressões destacadas no fragmento abaixo.

> "De acordo com estudos diversos, cada espécie tem respondido de maneira distinta à intensificação da poluição sonora. 'Baleias em diferentes lugares do mundo estão aumentando a intensidade e alterando a frequência de suas canções para que não sejam mascaradas pelo ruído gerado por navios; algumas espécies de golfinho também já alteraram as características de seus sinais acústicos em resposta ao ruído subaquático; e muitos peixes apresentam problemas de perda de audição e de equilíbrio', detalha Bittencourt. Segundo ela, o tema ganha cada vez mais relevância na comunidade científica."

a) De quem essas expressões apontam dados? Responda considerando que se trata de um texto que divulga o conhecimento.

b) Na sua opinião, qual a importância em citar estudos, especialistas e outros dados?

8. Nos últimos parágrafos, o autor estabelece uma relação entre "encalhes em massa de golfinhos" e a "busca por petróleo".
a) Explique essa relação.

b) Sintetize essa relação em uma única frase, usando uma conjunção que torne explícita essa relação.

c) Reescreva esse trecho, criando a ideia de hipótese ou condição, por meio da conjunção **se**.

AS PALAVRAS E SEUS SIGNIFICADOS

1. PALAVRAS PRIMITIVAS, COMPOSTAS E DERIVADAS 92
2. EMPREGO DO HÍFEN NA FORMAÇÃO DE PALAVRAS 95

AS PALAVRAS E SEUS SIGNIFICADOS

1. PALAVRAS PRIMITIVAS, COMPOSTAS E DERIVADAS

Para saber a estrutura de uma palavra, é fundamental conhecer as partes que a compõem e os significados que elas expressam:

- **Radical:** agrupa palavras numa mesma família e dá-lhes uma mesma base de significado. Esse elemento constante é o significado mais importante da palavra.
- **Desinência:** indica gênero e número dos nomes (desinência nominal) e número, pessoa, tempo e modo dos verbos (desinência verbal).
- **Vogal temática:** unida ao radical, caracteriza a conjugação de um verbo. São três vogais temáticas: **-a-** (1ª conjugação), **-e-** (2ª conjugação) e **-i-** (3ª conjugação).
- **Tema:** é formado pelo radical e pela vogal temática. Nesse conjunto se juntam as desinências responsáveis pelas flexões dos verbos e nomes.
- **Afixos:** unem-se ao radical ou ao tema, modificando seu significado ou mudando a classe gramatical da palavra. São os prefixos (antes do radical) e os sufixos (depois do radical ou do tema).

O conjunto formado por uma palavra primitiva e pelas derivadas a partir dela constitui uma **família de palavras**. As palavras da mesma família guardam semelhanças no significado e também na forma (com o radical, que é a parte comum entre elas).

Alguns processos de formação

Na formação de palavras, os processos principais são: a derivação, a composição e o hibridismo.

A **derivação** forma novas palavras a partir de outras já existentes. As palavras derivadas podem se originar pelo acréscimo de prefixo, de sufixo, entre outros. Exemplo: *infelicidade*.

A **composição** forma palavras resultantes da união de dois ou mais radicais. Exemplo: *guarda-roupa*.

O **hibridismo** forma palavras com elementos de línguas diferentes. Exemplo: *televisão* (grego + latim).

Observação:

Há dois modos de **composição**:

- **Composição por justaposição:** união de radicais sem alteração nos elementos. Exemplo: *mico-leão-dourado*.
- **Composição por aglutinação:** união de radicais com alteração em pelo menos um dos elementos da composição. Exemplo: *pernalta*.

1. Observe a grafia das palavras abaixo, analise as afirmações a seguir e marque verdadeiro (V) ou falso (F).

enxada	enxerido	enxurrada	encher	enxergar
enxame	enchente	preencher	enxugar	encharcar
enxoval	enxerto	peixe	feixe	frouxo
seixo	baixo	faixa	queixo	trouxa

( ) Apenas as palavras escritas com **x** representam o fonema /ʃ/.

( ) Após a sílaba inicial **en**, usamos **x** em todas as palavras.

( ) Nem todas as palavras que apresentam a sílaba inicial **en** têm a sílaba seguinte iniciada por **x**.

( ) As palavras **enchente**, **preencher** e **encher** são escritas com **ch** por serem derivadas de **cheio**, que se escreve com **ch**.

( ) A palavra **encharcar** deriva de **charco**, por isso é escrita com **ch**.

( ) Geralmente, após os ditongos **ai**, **ei** e **ou**, usamos **ch**.

2. Escreva palavras derivadas com **g** ou **j**.

a) laranja: _____

b) nojo: _____

c) gelo: _____

d) jeito: _____

e) justo: _____

f) loja: _____

g) fingir: _____

h) gesso: _____

3. Observe, na questão 2, a grafia das palavras derivadas e compare-a com a das primitivas. O que é possível concluir?

_____

_____

4. Associe as palavras destacadas (na primeira coluna) ao significado correspondente (na segunda coluna). Em seguida, consulte um dicionário e busque as palavras destacadas, confirmando se você fez a correspondência correta entre as colunas.

a) A **discrição** do diretor foi surpreendente.   (   )   I. prestes a acontecer
b) Sua **descrição** ficou ótima.   (   )   II. ornado para festa
c) Encheu a **despensa** com guloseimas.   (   )   III. ato de ser discreto
d) Pediu **dispensa** da aula de inglês.   (   )   IV. permissão para sair
e) Esse bairro vive **infestado** de mosquitos.   (   )   V. ato de descrever
f) O pátio da escola estava **enfestado**.   (   )   VI. célebre, notável
g) O **eminente** advogado leu o processo.   (   )   VII. depósito de mantimentos
h) Fugimos de um temporal **iminente**.   (   )   VIII. invadido, assolado.

5. Observe como estão grafadas estas palavras e assinale a alternativa correta. Depois, reescreva o que for necessário conforme as regras da gramática normativa para a formação de palavras.

(   ) **a)** pé de meia, passa-tempo, inter-regional, pré-história

___

(   ) **b)** couve flor, tamanduá-bandeira, flor-de-lis, superracional

___

(   ) **c)** fidalgo, aguardente, portaretrato, vice presidente

___

(   ) **d)** cavalo-marinho, bem-aventurado, mal-estar, vinagre

___

(   ) **e)** bem-humorado, recém nascido, perneta, hiperresistente

___

6. Classifique as palavras da questão 5 conforme o processo de composição.

Aglutinação: ___

Justaposição: ___

7. As palavras compostas por justaposição são sempre grafadas com hífen? Justifique sua resposta com exemplo(s) extraídos da questão 6.

2. EMPREGO DO HÍFEN NA FORMAÇÃO DE PALAVRAS

Casos principais em que se emprega o hífen

- Em palavras compostas que nomeiam plantas e animais, independentemente do número de elementos que as compõem.
- Na maioria das palavras compostas por justaposição.
- Nos compostos com os advérbios **bem** e **mal**, quando o outro elemento for iniciado por vogal ou **h**.
- Nos compostos com os elementos **além**, **aquém**, **recém** e **sem**.
- Nas formações com prefixos quando o segundo elemento começa por **h**.
- Nas formações com prefixos quando o segundo elemento começa com a mesma vogal em que termina o prefixo.
- Nas formações com os prefixos **circum** e **pan**, quando o segundo elemento começa por vogal, **m**, **n** ou **h**.
- Nas formações com os prefixos **hiper**, **inter** e **super**, quando o segundo elemento começa com **r**.
- Nas formações com os prefixos **ex**, **sota**, **soto**, **vice** e **vizo**.
- Nas formações com os prefixos tônicos **pós**, **pré** e **pró**.
- Nos topônimos iniciados pelos adjetivos **grã** ou **grão**, por forma verbal, ou por elementos ligados com artigo.
- Nas formações em que as palavras são terminadas pelos sufixos de origem tupi-guarani **açu**, **guaçu** e **mirim**.

Casos em que não se emprega o hífen

- Nas formações em que o prefixo termina em vogal e o segundo elemento começa por **r** ou **s**. Nesse caso, duplica-se o **r** ou o **s**.
- Nas formações em que o prefixo termina em vogal e o segundo elemento começa por vogal diferente.
- Em várias locuções de qualquer tipo (formadas por mais de duas palavras).
- Em substantivos e adjetivos compostos pela palavra **não**.

1. Forme palavras novas com os prefixos indicados, usando ou não o hífen. Se preciso, consulte um dicionário para confirmar a grafia das palavras nas quais você tenha dúvida.

a) pós + operatório: _____

b) contra + indicação: _____

c) ultra + som: _____

d) anti + inflamatório: _____

e) semi + reta: _____

f) infra + vermelho: _____

g) intra + uterino: _____

h) infra + estrutura: _____

i) ante + sala: _____

j) mini + saia: _____

k) auto + retrato: _____

l) anti + rugas: _____

m) auto + ajuda: _____

n) semi + aberto: _____

o) contra + regra: _____

p) pós + graduação: _____

q) pré + escolar: _____

r) micro + ondas: _____

s) semi + interno: _____

t) arqui + milionário: _____

u) anti + herói: _____

v) ex + prefeito: _____

w) hiper + realista: _____

x) super + estrutura: _____

2. Para memorizar as palavras formadas na questão 1, copie-as nas colunas adequadas.

Palavras com hífen	Palavras sem hífen

3. Forme na terceira coluna palavras compostas com os termos das duas primeiras, usando ou não o hífen. Se for preciso, consulte um dicionário para confirmar a grafia das palavras nas quais você tenha dúvida.

a) pé	de moleque	
b) pingue	pongue	
c) arco	íris	
d) beija	flor	
e) borboleta	azul (zoologia)	
f) bom	bocado	
g) café	concerto	
h) café	com leite	
i) café	da manhã	

j) calcanhar	de aquiles	
k) cama	de gato	
l) casca	grossa	
m) castanha	de caju (botânica)	
n) chapéu	de couro (botânica)	
o) cheiro	verde	
p) contra	baixo	
q) contra	cheque	
r) contra	filé	
s) contra	indicação	
t) contra	mão	
u) dia	a dia	
v) ibero	americano	
w) jogo	da velha	
x) arco	da velha	
y) cor	de rosa	
z) cor	de vinho	

4. Forme palavras com os prefixos do quadro, usando o hífen se necessário.

anti	auto	mal	contra	extra	infra
pós	pré	semi	sobre	super	vice

a) análise: _____

b) vermelho: _____

c) herói: _____

d) saia: _____

e) histórico: _____

f) presidente: _____

g) vogal: _____

h) classe: _____

i) dizer: _____

j) mercado: _____

k) humorado: _____

l) indicado: _____

m) estrada: _____

n) graduação: _____

o) horário: _____

p) criado: _____

q) cheiroso: _____

r) ácido: _____

5. Escreva palavras com os prefixos abaixo conforme o modelo.

Prefixo *bem*			
Com hífen		**Sem hífen**	
a) bem + amado	bem-amado	bem + dito	bendito
b) bem + aventurado		bem + dizente	
c) bem + disposto		bem + dizer	
d) bem + educado		bem + fazejo	
e) bem + humorado		bem + feitor	
f) bem + nascido		bem + feitoria	
g) bem + vindo		bem + querença	
h) bem + visto		bem + quisto	

Prefixo *mal*			
Com hífen		Sem hífen	
a) mal + acabado	mal-acabado	mal + casado	malcasado
b) mal + afamado		mal + cheiroso	
c) mal + agradecido		mal + criado	
d) mal + assombrado		mal + dizer	
e) mal + educado		mal + feito	
f) mal + encarado		mal + me + quer	
g) mal + estar		mal + passado	
h) mal + humorado		mal + visto	
i) mal + acostumado		mal + cuidado	

Prefixo *anti*			
Com hífen		Sem hífen	
a) anti + herói	anti-herói	anti + aéreo	antiaéreo
b) anti + higiênico		anti + bacteriano	
c) anti + histamínico		anti + clímax	
d) anti + histórico		anti + depressivo	
e) anti + horário		anti + econômico	
f) anti + imperialismo		anti + oxidante	
g) anti + inflacionário		anti + rábica	
h) anti + inflamatório		anti + social	
i) anti + hemorrágico		anti + ácido	
j) anti + humanitário		anti + choque	

Prefixo *inter*			
Com hífen		Sem hífen	
a) inter + racial	inter-racial	inter + americano	interamericano
b) inter + relação		inter + locutor	
c) inter + regional		inter + municipal	
d) inter + relativo		inter + planetário	
e) inter + resistente		inter + seção	
f) inter + relacionado		inter + governamental	

6. Assinale a opção em que o hífen foi usado de acordo com as convenções ortográficas. Justifique sua resposta corrigindo as palavras das outras alternativas.
( ) **a)** Mariana não consegue fazer uma auto-crítica.
( ) **b)** Não seja mal-educado e cumprimente as pessoas.
( ) **c)** Edu estava fazendo um curso extra-curricular.
( ) **d)** Preciso ir urgentemente ao super-mercado.
( ) **e)** Os raios infra-vermelhos ajudam a curar lesões.

7. Assinale a alternativa inadequada quanto ao emprego do hífen. Justifique sua resposta corrigindo o que for necessário.
( ) **a)** Rodrigo está muito magro e precisa fazer uma superalimentação.
( ) **b)** Há casas malassombradas nas circunvizinhanças da chácara.
( ) **c)** Depois de comer cinco sobrecoxas de rã, teve de tomar um antiácido.
( ) **d)** Nossos antepassados realizaram vários anteprojetos.
( ) **e)** Sou autodidata, autoanalítico e bem-humorado.

8. Assinale a opção correta. Nas palavras compostas **pão duro** (avarento), **copo de leite** (planta), **garoto propaganda** e **pé de moleque** (doce), o hífen é obrigatório:
( ) **a)** em nenhuma delas.
( ) **b)** apenas na segunda.
( ) **c)** na primeira e na terceira.
( ) **d)** só na última.
( ) **e)** em todas, exceto na última.

9. Assinale a opção em que o emprego do hífen não está de acordo com as convenções ortográficas. Corrija o que for necessário.

( ) **a)** Naquele país há muitas pessoas semi-analfabetas.
( ) **b)** O meia-direita fez um lindo gol na semifinal do campeonato.
( ) **c)** Aquele homem foi tachado de sem-vergonha por andar seminu.
( ) **d)** Joaquim chegou de além-mar na semana passada.
( ) **e)** O vice-reitor da instituição está em fase pós-operatória.

10. "Os jogadores fizeram esforços _____ para conquistar o campeonato _____." Qual das alternativas completa corretamente as lacunas?

( ) **a)** sobreumanos – interregional
( ) **b)** sobrehumanos – interregional
( ) **c)** sobrehumanos – inter-regional
( ) **d)** sobre-humanos – inter-regional
( ) **e)** sobre-humanos – interegional

11. O prefixo **sub-** pode se unir a uma palavra por meio de hífen ou não. Qual das opções abaixo leva hífen? E como se escrevem as outras palavras?

( ) **a)** sub + chefe
( ) **b)** sub + lingual
( ) **c)** sub + resfriamento
( ) **d)** sub + solo
( ) **e)** sub + liminar

12. Em relação ao emprego do hífen, assinale V (verdadeiro) ou F (falso). Em seguida, explique o que estava errado nas afirmações indicadas como F (falso).

( ) **a)** É usado para ligar os elementos de todas as palavras compostas: *arqui-inimigo, ponta-pé, bem-me-quer.*
( ) **b)** É usado para ligar todas as palavras precedidas de prefixos: *ultra-romântico, re-escrever, super-homem.*
( ) **c)** É usado para separar o pronome átono do verbo: *traga-me, devolva-me, entregar-lhe-ei.*
( ) **d)** É usado para separar as palavras em sílabas: *ma-nhã, pa-dei-ro, ho-je.*
( ) **e)** É usado para separar palavras em final de linha (translineação).

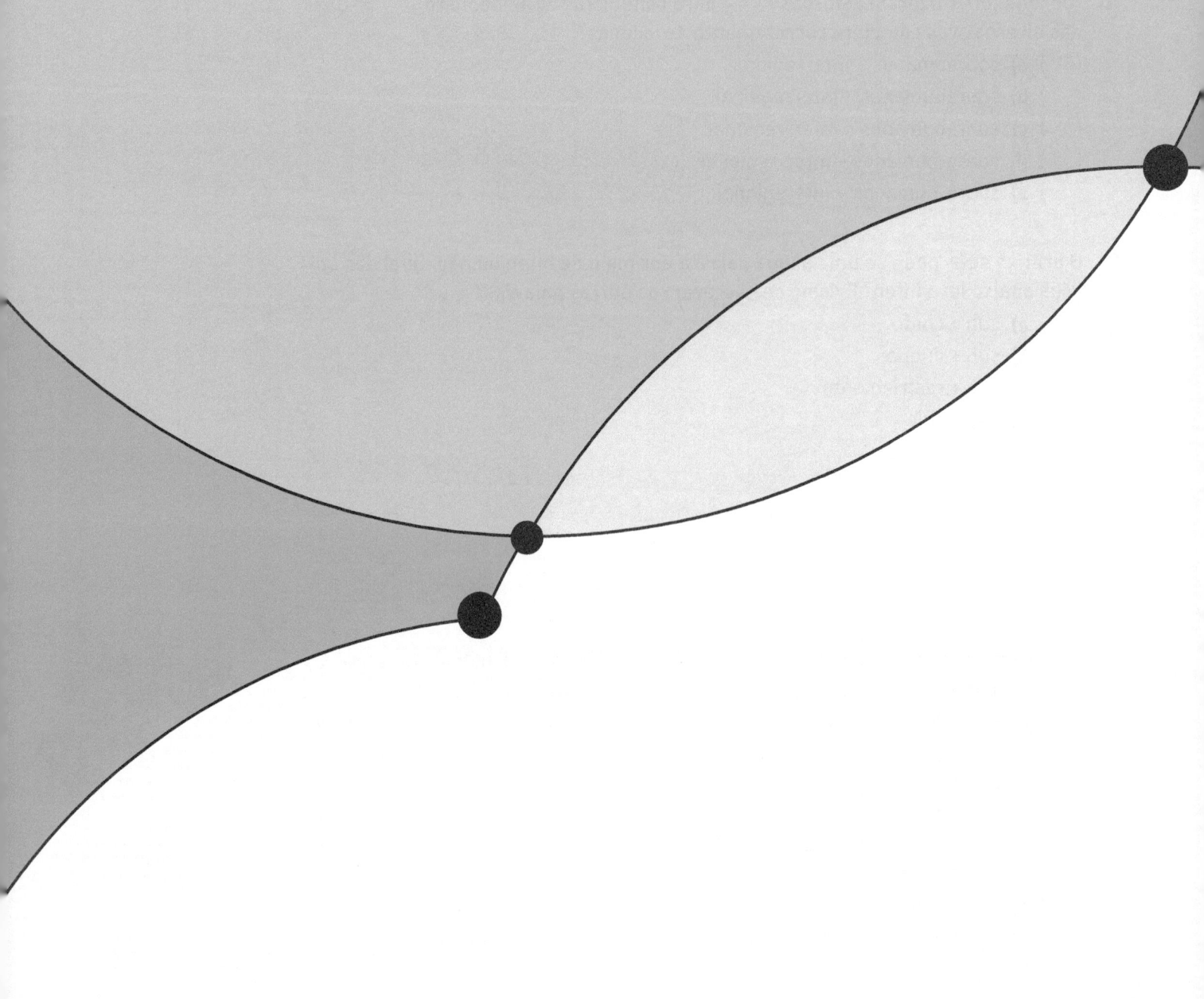

OUTROS RECURSOS

1. PARÁFRASE 104
2. ESTRATÉGIAS ARGUMENTATIVAS 112

OUTROS RECURSOS

1. PARÁFRASE

A **paráfrase** reproduz um texto base, no qual as ideias centrais desse texto podem ser retomadas, sintetizadas ou explicadas; o processo de construção de sentidos é retomado. Esse recurso textual pode ser empregado em várias situações comunicativas. É possível usar a paráfrase, por exemplo, para interpretar uma charge, analisar um artigo de opinião, resumir um texto de divulgação científica, etc. Ao parafrasear um texto, transcreve-se com suas próprias palavras, mas preservando as ideias do outro autor para não configurar plágio; em outras palavras, pode-se apropriar do que disse um autor desde que seja citada a fonte do texto e mantida a ideia desse autor.

Ao fazer **paráfrase de texto de divulgação científica**, é importante lembrar: esse gênero textual é predominantemente expositivo; sua estrutura não é fixa, mas costuma apresentar introdução, exposição do tema principal, desenvolvimento e finalização com a conclusão; o autor utiliza expressões científicas, em geral seguidas de explicação.

O **texto de divulgação científica** tem o objetivo de informar e explicar sobre um assunto ou tema; divulgar uma descoberta científica; e promover a popularização da ciência, permitindo que leigos interessados em ciência (e não apenas a comunidade científica) tomem conhecimento de descobertas e atividades do mundo científico e tecnológico, entendam um tema/conceito das ciências humanas, biológicas ou exatas: existência de corpos celestes, compreensão de fenômenos da natureza, resolução de enigmas matemáticos, descobertas arqueológicas, etc.

▶ Leia o texto para responder às questões 1 a 8.

Cientistas dizem que aves e até polvos têm alguma consciência

Neurocientistas de prestígio lançam manifesto reforçando evidências sobre consciência dos animais
Tecnologia permitiu ver que comportamentos afetivos e intencionais também acontecem nos bichos, diz o grupo

Na onda dos manifestos assinados por cientistas defendendo posições sobre temas polêmicos, como o aquecimento global e a evolução, o tema da consciência animal é a bola da vez.

A mensagem dos pesquisadores é clara: dado o peso das evidências atuais, não dá mais para dizer que mamíferos, aves e até polvos não tenham alguma consciência.

Foi o que um grupo de neurocientistas afirmou no Manifesto Cambridge sobre a Consciência em Animais Não Humanos, lançado neste mês em uma conferência sobre as bases neurais da consciência na prestigiosa Universidade de Cambridge (Reino Unido).

Semelhança

Philip Low, neurocientista da Universidade Stanford e do MIT (Instituto de Tecnologia de Massachusetts) e proponente do manifesto, disse à *Folha* que "nas últimas duas décadas, houve um grande progresso na neurobiologia, graças às novas tecnologias que permitem testar velhas hipóteses".

Um conjunto de evidências convergentes indica que animais não humanos, como mamíferos, aves e polvos, possuem as bases anatômicas, químicas e fisiológicas dos estados conscientes, juntamente com a capacidade de exibir comportamentos intencionais e emocionais.

A ausência de um neocórtex (área cerebral mais recente e desenvolvida em humanos) não parece impedir um organismo de experimentar estados afetivos.

O peso da evidência, portanto, indica que os seres humanos não são únicos no que diz respeito à posse das bases neurológicas que geram consciência.

"Enquanto cientistas, nós sentimos que tínhamos um dever profissional e moral de relatar essas observações para o público", disse Low.

O manifesto foi assinado por 25 pesquisadores de peso, como Irene Pepperberg, da Universidade Harvard, que estudou as avançadas capacidades cognitivas (como o reconhecimento de cores e palavras) do famoso papagaio Alex.

Mateus Paranhos da Costa, pesquisador do comportamento e bem-estar animal da Unesp de Jaboticabal, achou a declaração bem fundamentada.

"Ela tem um componente político importante: um grupo de pesquisadores oficializa sua posição frente à sociedade, assumindo diante dela o que a ciência já tem evidenciado há algum tempo", diz ele.

Espelho da mente

A capacidade de alguns animais de se reconhecerem no espelho foi mencionada no manifesto.

Parece trivial se reconhecer ao escovar os dentes todas as manhãs, mas muitos bichos têm reações agressivas quando colocados cara a cara com seu reflexo.

No teste do espelho, um animal que nunca viu um objeto desses na vida é anestesiado até dormir. Os pesquisadores pintam, então, uma marca no rosto do animal e esperam que ele acorde e ache o espelho colocado em seu recinto. Se ele tentar brigar com o "intruso" ou tocar a mancha no espelho, fracassou no teste. Contudo, se tocar a marca nele mesmo, é um forte indício de que tenha noção de si próprio.

Já passaram no teste chimpanzés, bonobos, gorilas, orangotangos, golfinhos-nariz-de-garrafa, orcas, elefantes e pegas-europeias (parentes do corvo). Crianças só passam no teste após 18 meses de vida.

Marlene Zuk, especialista em seleção sexual e comunicação animal da Universidade de Minnesota, afirma que é preciso ter cuidado com a atribuição da experiência humana a outros animais.

"Temos a tendência de fazer um *ranking* dos animais com base em quão semelhantes a nós eles são. Entendemos muito pouco sobre como funciona a consciência. Os animais podem apresentar um comportamento complexo sem ter sistema nervoso complexo."

Lacunas

Devido ao foco da conferência nas bases neurais da consciência, estudos relevantes para o bem-estar animal faltaram no manifesto.

A palavra "dor" não foi mencionada. Pesquisas já mostraram a existência da capacidade de sentir dor em peixes e invertebrados, excluídos da lista. A capacidade de sofrer com a morte de um parente também já foi descrita em chimpanzés, gorilas, elefantes, leões-marinhos, lobos, lhamas, pegas e gansos.

"Se vivemos em uma sociedade que considera dados científicos ao pensar suas atitudes morais em relação aos animais, então o manifesto poderá iniciar mudanças", ressalta Philip Low.

Para Paranhos da Costa, ao se gerar e divulgar evidências de que os animais de criação (como o gado) "não diferem dos demais quanto a capacidades de sentir, aprender, formar laços sociais", transformações sociais ocorrerão.

Marco Varella. Disponível em: <http://www1.folha.uol.com.br/fsp/cienciasaude/56042-cientistas-dizem-que-aves-e-ate-polvos-tem-alguma-consciencia.shtml>. Acesso em: 7 dez. 2018.

1. Você leu um texto de divulgação científica. Observe sua estrutura e marque V (verdadeiro) ou F (falso).

    (   ) a) Pelo título não é possível deduzir do que trata o texto.

    (   ) b) A linha fina (texto em seguida ao título) está em itálico e centralizada.

    (   ) c) O texto apresenta subtítulos, que estão em itálico e vêm logo após o título.

    (   ) d) Os subtítulos separam o texto em partes.

    (   ) e) Há expressões científicas que são, geralmente, explicadas ao leitor.

    (   ) f) A pontuação (entre parênteses, travessões ou vírgulas) ajuda a esclarecer algum conceito mais complexo.

    (   ) g) O texto é de divulgação científica porque aborda estudos feitos por cientistas e informa resultados de pesquisas.

2. Releia o texto.

    a) Elabore um outro título, não muito longo, unindo a ideia central do título e da linha fina que você leu.

b) Faça um resumo da parte do primeiro subtítulo ("Semelhança").

_____
_____
_____
_____
_____

3. No primeiro parágrafo do texto, o autor utiliza dois termos característicos da linguagem coloquial.

a) Quais são esses termos? E o que eles significam?

_____
_____

b) Reescreva o parágrafo, mantendo seu conteúdo e eliminando essas marcas de coloquialidade.

_____
_____
_____
_____
_____

4. No segundo parágrafo, o autor refere-se ao "peso das evidências atuais". Releia o texto e responda às questões.

a) O que as evidências encontradas pelos cientistas indicam?

_____
_____
_____
_____
_____
_____
_____

b) No final do seu parágrafo no item **a**, acrescente uma frase iniciada por **isto é**, que explique de outra maneira a afirmação feita pelo autor.

5. O texto menciona o "teste do espelho", feito em animais para avaliar sua consciência.

a) O que o teste do espelho revela sobre a consciência animal?

b) Explique, com suas próprias palavras, o que é esse teste.

6. Releia os trechos extraídos do artigo de opinião de Marco Varella.

> I. "Mateus Paranhos da Costa, pesquisador do comportamento e bem-estar animal da Unesp de Jaboticabal, achou a declaração bem fundamentada.
>
> 'Ela tem um componente político importante: um grupo de pesquisadores oficializa sua posição frente à sociedade, assumindo diante dela o que a ciência já tem evidenciado há algum tempo', diz ele."
>
> II. "Marlene Zuk, especialista em seleção sexual e comunicação animal da Universidade de Minnesota, afirma que é preciso ter cuidado com a atribuição da experiência humana a outros animais.
>
> 'Temos a tendência de fazer um *ranking* dos animais com base em quão semelhantes a nós eles são. Entendemos muito pouco sobre como funciona a consciência. Os animais podem apresentar um comportamento complexo sem ter sistema nervoso complexo.'"

a) Observe as palavras destacadas nos trechos I e II. Substitua-as pelas expressões a que se referem.

b) Ao substituir os pronomes por outras palavras, o texto ficou mais ou menos conciso? Por que isso aconteceu?

c) Os dois trechos apresentam falas de cientistas transcritas em discurso direto, ou seja, o autor do texto mostra ao leitor, entre aspas, as mesmas palavras que os entrevistadores usaram. Sintetize, em uma frase, o que cada cientista afirmou.

d) Elabore essas falas em discurso indireto. Você vai reescrever, com suas palavras, o que os cientistas falaram.

7. Para indicar quem são os pesquisadores citados, o autor complementa com apostos (algumas informações que estão entre vírgulas).
  a) Nos trechos I e II da questão 6, quais são essas informações?

b) Essas informações são importantes? Por quê?

c) No texto, o autor também utiliza apostos entre parênteses para fornecer explicações de conceitos. Por que ele faz isso?

8. Imagine que você é um cientista que assinou o Manifesto Cambridge sobre a Consciência em Animais Não Humanos. Um jornalista o procura para dar uma entrevista e lhe faz as seguintes perguntas:

   I. Quais as conclusões a que vocês, cientistas, chegaram a respeito da consciência animal?
   II. Que tipo de comportamento animal apoia a ideia de que eles têm consciência?
   III. Que efeitos sociais essas descobertas podem ter?

   a) Leia um trecho de uma entrevista com Philip Low (um cientista que assinou o manifesto) e sublinhe o que você achar importante no texto.

Quais animais têm consciência?

Sabemos que todos os mamíferos, todos os pássaros e muitas outras criaturas, como o polvo, possuem as estruturas nervosas que produzem a consciência. Isso quer dizer que esses animais sofrem. É uma verdade inconveniente: sempre foi fácil afirmar que animais não têm consciência. Agora, temos um grupo de neurocientistas respeitados que estudam o fenômeno da consciência, o comportamento dos animais, a rede neural, a anatomia e a genética do cérebro. Não é mais possível dizer que não sabíamos.

[...]

Quais benefícios poderiam surgir a partir do entendimento da consciência em animais?

Há um pouco de ironia nisso. Gastamos muito dinheiro tentando encontrar vida inteligente fora do planeta enquanto estamos cercados de inteligência consciente aqui no planeta. Se considerarmos que um polvo — que tem 500 milhões de neurônios (os humanos tem 100 bilhões) — consegue produzir consciência, estamos muito mais próximos de produzir uma consciência sintética do que pensávamos. É muito mais fácil produzir um modelo com 500 milhões de neurônios do que 100 bilhões. Ou seja, fazer esses modelos sintéticos poderá ser mais fácil agora.

Qual é a ambição do manifesto? Os neurocientistas se tornaram militantes do movimento sobre o direito dos animais?

É uma questão delicada. Nosso papel como cientistas não é dizer o que a sociedade deve fazer, mas tornar público o que enxergamos. A sociedade agora terá uma discussão sobre o que está acontecendo e poderá decidir formular novas leis, realizar mais pesquisas para entender a consciência dos animais ou protegê-los de alguma forma. Nosso papel é reportar os dados.

As conclusões do manifesto tiveram algum impacto sobre o seu comportamento?

Acho que vou virar vegano. É impossível não se sensibilizar com essa nova percepção sobre os animais, em especial sobre sua experiência do sofrimento. Será difícil, adoro queijo.

O que pode mudar com o impacto dessa descoberta?

Os dados são perturbadores, mas muito importantes. No longo prazo, penso que a sociedade dependerá menos dos animais. Será melhor para todos. Deixe-me dar um exemplo. O mundo gasta 20 bilhões de dólares por ano matando 100 milhões de vertebrados em pesquisas médicas. A probabilidade de um remédio advindo desses estudos ser testado em humanos (apenas teste, pode ser que nem funcione) é de 6%. É uma péssima contabilidade. Um primeiro passo é desenvolver abordagens não invasivas. Não acho ser necessário tirar vidas para estudar a vida. Penso que precisamos apelar para nossa própria engenhosidade e desenvolver melhores tecnologias para respeitar a vida dos animais. Temos que colocar a tecnologia em uma posição em que ela serve nossos ideais, em vez de competir com eles.

Marco Túlio Pires. Disponível em: <http://veja.abril.com.br/noticia/ciencia/nao-e-mais-possivel-dizer-que-nao-sabiamos-diz-philip-low>. Acesso em: 7 dez. 2018. (Fragmento.)

b) Baseando-se no texto e na entrevista de Philip Low, elabore as suas respostas ao jornalista.

I.

II.

III.

2. ESTRATÉGIAS ARGUMENTATIVAS

Opinião é uma maneira de pensar sobre alguma coisa, de julgá-la, de considerá-la de acordo com o contexto. As razões que sustentam uma opinião são chamadas de **argumentos**.

O **artigo de opinião** é um texto argumentativo do campo jornalístico, em que o autor apresenta uma tese (o principal ponto de vista a ser defendido) sobre determinado tema polêmico. Para defender sua opinião, o autor precisa utilizar estratégias que evidenciem seus argumentos e sustentem suas afirmações.

Há diferentes **estratégias argumentativas** que podem ser usadas, como relatos, exemplos, depoimentos, dados estatísticos, citações, fatos históricos, raciocínios lógicos, entre outros.

Outras estratégias possíveis na construção de uma argumentação podem ser: o estabelecimento de relações ou semelhanças entre fatos; a apresentação das vantagens e desvantagens de uma situação; a indicação das causas e consequências em um fato; etc. O emprego de sinais de pontuação também pode dar mais força aos argumentos.

▶ Leia o texto e responda às questões 1 a 9.

O que os olhos não veem

A esmagadora maioria das pessoas costuma ficar extasiada com as imagens fantásticas de berçários de estrelas, supernovas e galáxias, entre outras maravilhas do Cosmos, que os telescópios espaciais têm trazido para o interior de nossas casas desde os anos 1990. Mas sempre tem um chato pra apontar o dedo e resmungar: "Que absurdo! Isso tudo é mentira! É Photoshop! Essas aí não são as cores reais! É só pra ficar bonitinho! Os astrônomos mentem! Aaaaargh!".

Sim, muitas vezes é "Photoshop", no sentido de que aquela imagem foi tratada antes de poder ser visualizada daquele jeito — mas dizer isso ao ver imagens maravilhosas, como a produzida pelo Observatório de Raios X Chandra [...], é ficar bravinho com o irrelevante e deixar de se concentrar no que é realmente importante. E a razão tem tudo a ver com a nossa história evolutiva, e a história do nosso próprio planeta.

Espero não partir o coração de ninguém ao dizer o que vou dizer a seguir, mas não há nada de essencialmente "vermelho" na cor vermelha, ou nada de intrinsecamente "amarelo" no nosso Sol. O que chamamos de cores são propriedades sensoriais subjetivas — os filósofos costumam usar o termo latino "qualia" para designar esse tipo de coisa — para diferentes comprimentos de onda/frequências de um fenômeno único, que é a radiação eletromagnética, ou "luz", para os íntimos. (Sim, a luz é uma onda, como as do mar, embora não precise da água ou de qualquer outro meio para se propagar. O comprimento de onda é a distância entre as cristas de uma onda; a frequência é o número de cristas que aparecem em dado período de tempo.)

Desse ponto de vista, há pouquíssima diferença entre os comprimentos de onda que nós conseguimos enxergar, o chamado espectro visível, e as coisas que a gente é simplesmente incapaz de conceber, como o infravermelho, o ultravioleta, os raios X e os raios gama. É TUDO LUZ — ainda que ninguém no mundo seja capaz de te dizer "que cor" tem o ultravioleta. (Bem, se uma abelha falasse, talvez ela conseguisse, mas o certo é que o "ultra" não quer dizer simplesmente um violeta mais forte, gente.)

Temos a sorte de viver num planetinha coberto por uma espessa atmosfera e equipado com camada de ozônio — capaz, portanto, de barrar os pedaços mais energéticos do espectro luminoso, como os raios X e gama. Além de evitar que todos morramos de câncer em dois tempos, esse acaso feliz também tornou completamente desnecessário que os seres vivos desta nossa Terra desenvolvessem a capacidade de captar esse tipo de radiação eletromagnética com seus olhos, já que cá embaixo não há nada para enxergar refletindo essas frequências luminosas mesmo.

As cores que enxergamos são pura e simplesmente a pequena fatia de luz — a dita luz visível — relevante para a nossa sobrevivência como primatas com apetite para frutas e outros quitutes coloridos. Alguns animais evoluíram para enxergar bem menos do que nós, enquanto outros enxergam uma gama ainda mais ampla de "cores" subjetivas. Não há nada de intrinsecamente "perfeito" nos nossos olhos.

Pra fechar o círculo da argumentação: esbravejar com as alterações de cores nas imagens espaciais é esquecer tudo o que aprendemos sobre a verdadeira natureza da luz. As cores "falsas", nessas imagens, não são puras ferramentas estéticas, mas sim um artifício para ajudar-nos, pobres primatas nativos do chão, a enxergar uma informação luminosa real que, sem tratamento computacional e matemático, ficaria oculta para sempre. São nossos óculos de raios X, se você quiser — quase tão bons quanto a visão de certos super-heróis.

Reinaldo José Lopes. Disponível em: <http://darwinedeus.blogfolha.uol.com.br/2014/02/24/o-que-os-olhos-nao-veem/>. Acesso em: 7 dez. 2018. (Fragmento).

1. Releia o título do texto e responda às questões a seguir.

a) Qual é o título? E que referência ele faz a um provérbio popular muito famoso?

b) O que significa esse provérbio popular?

2. Leia este trecho.

"A esmagadora maioria das pessoas costuma ficar extasiada com as imagens fantásticas de berçários de estrelas, supernovas e galáxias, entre outras maravilhas do Cosmos, que os telescópios espaciais têm trazido para o interior de nossas casas desde os anos 1990."

a) O autor utiliza adjetivos para qualificar alguns substantivos. A qual substantivo cada palavra destacada se refere?

b) O pronome relativo **que** se refere a qual antecedente?

c) Há uma enumeração para mostrar ao leitor o que seriam essas "imagens fantásticas". Quais são os elementos enumerados?

3. Leia o trecho a seguir.

"Mas sempre tem um chato pra apontar o dedo e resmungar: 'Que absurdo! Isso tudo é mentira! É Photoshop! Essas aí não são as cores reais! É só pra ficar bonitinho! Os astrônomos mentem! Aaaaargh!'.

a) Leia o verbete extraído de um dicionário.

> **Chato 1** que tem a superfície plana (ou quase), próxima da horizontal **2** que tem pouca ou nenhuma elevação **3** de pouca altura ou pouca espessura **4** acanhado, estreito **5** sem originalidade ou brilho; monótono **6** que ou o que é maçante, enfadonho ou insistente **7** que ou o que aborrece, perturba ou preocupa [...]
>
> *Dicionário Houaiss da língua portuguesa.* Rio de Janeiro: Objetiva, 2009. p. 450. (Fragmento adaptado para fins didáticos.)

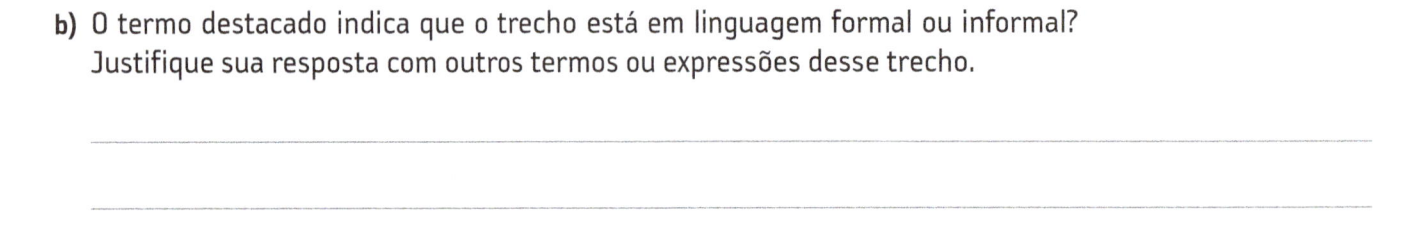

- No trecho acima, a palavra destacada está mais adequada a qual dos sentidos?

b) O termo destacado indica que o trecho está em linguagem formal ou informal? Justifique sua resposta com outros termos ou expressões desse trecho.

c) Assinale a única característica do texto que **não** se relaciona com a linguagem informal.
   ( ) I. Emprego do diminutivo.
   ( ) II. Uso de frases que imitam uma reclamação.
   ( ) III. Emprego de onomatopeia indicando uma sensação desagradável.
   ( ) IV. Uso da abreviação da preposição **para**.
   ( ) V. Uso de termos eruditos, próprios da linguagem científica.

4. O autor defende uma tese para convencer, persuadir o leitor.
   a) Qual é sua tese?

   b) No texto, o autor descreve situações ou apresenta opiniões? Justifique sua resposta.

5. O autor refere-se ao leitor ou dirige-se diretamente a ele. Em que momentos isso pode ser observado de forma mais evidente no texto? Transcreva trechos do texto.

6. Releia atentamente este outro trecho.

> "Temos a sorte de viver num planetinha coberto por uma espessa atmosfera e equipado com camada de ozônio [...]. Além de evitar que todos morramos de câncer em dois tempos, esse acaso feliz também tornou completamente desnecessário que os seres vivos desta nossa Terra desenvolvessem a capacidade de captar esse tipo de radiação eletromagnética com seus olhos, já que cá embaixo não há nada para enxergar refletindo essas frequências luminosas mesmo."

a) A que fato a expressão em destaque se refere?

b) O que faz com que esse acaso seja considerado "feliz"?

c) Para justificar um dos fatos, o autor escreve "já que cá embaixo não há nada para enxergar refletindo essas frequências luminosas mesmo". Que expressão usada nesse trecho indica a relação de consequência do fato citado?

d) Para não repetir termos, o autor utilizou algumas palavras para se referir ao planeta no qual vivemos. Sublinhe-as no trecho citado.

7. Considerando que o texto que você leu é um artigo de opinião, assinale a alternativa incorreta no que se refere ao autor.
    ( ) a) O autor defende seu ponto de vista sobre um tema.
    ( ) b) O autor procura convencer o leitor de seu ponto de vista.
    ( ) c) O autor não pode alternar a linguagem em trechos mais formais e mais informais.
    ( ) d) O autor não utiliza uma estrutura rígida, mas há introdução, desenvolvimento e conclusão do texto.
    ( ) e) O autor introduz o tema, apresenta sua tese e expõe seus argumentos.

8. Releia o último parágrafo e responda às questões.
    a) Que frase, no último parágrafo, ajuda a perceber que se trata de um artigo de opinião?

b) No contexto, quem seriam os "pobres primatas nativos do chão"?

c) Se o autor tivesse utilizado outra expressão como "seres humanos" ou "humanidade" causaria o mesmo efeito de sentido? Por quê?

9. Para defender sua tese, o autor empregou estratégias argumentativas. Observe os quadros a seguir. O primeiro apresenta algumas estratégias utilizadas por ele; o segundo traz exemplos dessas estratégias. Relacione o primeiro com o segundo quadro.

I. Definir ou explicar alguns conceitos científicos para que o leitor compreenda o tema escolhido e o ponto de vista defendido.

II. Relativizar pontos de vista e opiniões.

III. Apresentar exemplos e comparações como argumentos.

IV. Utilizar recursos gráficos e pontuação para reforçar os efeitos de sentido do texto.

V. Concluir de forma a persuadir o leitor.

( ) "É TUDO LUZ – ainda que ninguém no mundo seja capaz de te dizer 'que cor' tem o ultravioleta. (Bem, se uma abelha falasse, talvez ela conseguisse, mas o certo é que o 'ultra' não quer dizer simplesmente um violeta mais forte, gente.)"

( ) "As cores que enxergamos são pura e simplesmente a pequena fatia de luz — a dita luz visível [...]."

( ) "Alguns animais evoluíram para enxergar bem menos do que nós, enquanto outros enxergam uma gama ainda mais ampla de 'cores' subjetivas. Não há nada de intrinsecamente 'perfeito' nos nossos olhos."

( ) "[...] esbravejar com as alterações de cores nas imagens espaciais é esquecer tudo o que aprendemos sobre a verdadeira natureza da luz. As cores 'falsas', nessas imagens, não são puras ferramentas estéticas, mas sim um artifício para ajudar-nos [...] a enxergar uma informação luminosa real que, sem tratamento computacional e matemático, ficaria oculta para sempre."

( ) "Desse ponto de vista, há pouquíssima diferença entre os comprimentos de onda que nós conseguimos enxergar [...] e as coisas que a gente é simplesmente incapaz de conceber, como o infravermelho, o ultravioleta, os raios X e os raios gama."

	Habilidades BNCC
Ortografia	**(EF05LP01)** Grafar palavras utilizando regras de correspondência fonema-grafema regulares, contextuais e morfológicas e palavras de uso frequente com correspondências irregulares. **(EF35LP13)** Memorizar a grafia de palavras de uso frequente nas quais as relações fonema-grafema são irregulares e com h inicial que não representa fonema. **(EF67LP32)** Escrever palavras com correção ortográfica, obedecendo as convenções da língua escrita.
Acentuação, pontuação e outras notações	**(EF05LP03)** Acentuar corretamente palavras oxítonas, paroxítonas e proparoxítonas. **(EF05LP04)** Diferenciar, na leitura de textos, vírgula, ponto e vírgula, dois-pontos e reconhecer, na leitura de textos, o efeito de sentido que decorre do uso de reticências, aspas, parênteses. **(EF67LP33)** Pontuar textos adequadamente. **(EF06LP07)** Identificar, em textos, períodos compostos por orações separadas por vírgula sem a utilização de conectivos, nomeando-os como períodos compostos por coordenação. **(EF07LP11)** Identificar, em textos lidos ou de produção própria, períodos compostos nos quais duas orações são conectadas por vírgula, ou por conjunções que expressem soma de sentido (conjunção "e") ou oposição de sentidos (conjunções "mas", "porém").
Morfossintaxe	**(EF06LP08)** Identificar, em texto ou sequência textual, orações como unidades constituídas em torno de um núcleo verbal e períodos como conjunto de orações conectadas. **(EF06LP09)** Classificar, em texto ou sequência textual, os períodos simples e compostos. **(EF06LP10)** Identificar sintagmas nominais e verbais como constituintes imediatos da oração. **(EF07LP04)** Reconhecer, em textos, o verbo como o núcleo das orações. **(EF07LP05)** Identificar, em orações de textos lidos ou de produção própria, verbos de predicação completa e incompleta: intransitivos e transitivos. **(EF07LP07)** Identificar, em textos lidos ou de produção própria, a estrutura básica da oração: sujeito, predicado, complemento (objetos direto e indireto). **(EF07LP09)** Identificar, em textos lidos ou de produção própria, advérbios e locuções adverbiais que ampliam o sentido do verbo núcleo da oração. **(EF07LP11)** Identificar, em textos lidos ou de produção própria, períodos compostos nos quais duas orações são conectadas por vírgula, ou por conjunções que expressem soma de sentido (conjunção "e") ou oposição de sentidos (conjunções "mas", "porém"). **(EF08LP06)** Identificar, em textos lidos ou de produção própria, os termos constitutivos da oração (sujeito e seus modificadores, verbo e seus complementos e modificadores). **(EF08LP07)** Diferenciar, em textos lidos ou de produção própria, complementos diretos e indiretos de verbos transitivos, apropriando-se da regência de verbos de uso frequente. **(EF08LP08)** Identificar, em textos lidos ou de produção própria, verbos na voz ativa e na voz passiva, interpretando os efeitos de sentido de sujeito ativo e passivo (agente da passiva). **(EF08LP10)** Interpretar, em textos lidos ou de produção própria, efeitos de sentido de modificadores do verbo (adjuntos adverbiais – advérbios e expressões adverbiais), usando-os para enriquecer seus próprios textos. **(EF08LP11)** Identificar, em textos lidos ou de produção própria, agrupamento de orações em períodos, diferenciando coordenação de subordinação.

Coesão	**(EF05LP07)** Identificar, em textos, o uso de conjunções e a relação que estabelecem entre partes do texto: adição, oposição, tempo, causa, condição, finalidade. **(EF05LP27)** Utilizar, ao produzir o texto, recursos de coesão pronominal (pronomes anafóricos) e articuladores de relações de sentido (tempo, causa, oposição, conclusão, comparação), com nível adequado de informatividade. **(EF35LP14)** Identificar em textos e usar na produção textual pronomes pessoais, possessivos e demonstrativos, como recurso coesivo anafórico. **(EF06LP11)** Utilizar, ao produzir texto, conhecimentos linguísticos e gramaticais: tempos verbais, concordância nominal e verbal, regras ortográficas, pontuação etc. **(EF06LP12)** Utilizar, ao produzir texto, recursos de coesão referencial (nome e pronomes), recursos semânticos de sinonímia, antonímia e homonímia e mecanismos de representação de diferentes vozes (discurso direto e indireto). **(EF67LP25)** Reconhecer e utilizar os critérios de organização tópica (do geral para o específico, do específico para o geral etc.), as marcas linguísticas dessa organização (marcadores de ordenação e enumeração, de explicação, definição e exemplificação, por exemplo) e os mecanismos de paráfrase, de maneira a organizar mais adequadamente a coesão e a progressão temática de seus textos. **(EF67LP36)** Utilizar, ao produzir texto, recursos de coesão referencial (léxica e pronominal) e sequencial e outros recursos expressivos adequados ao gênero textual. **(EF07LP12)** Reconhecer recursos de coesão referencial: substituições lexicais (de substantivos por sinônimos) ou pronominais (uso de pronomes anafóricos – pessoais, possessivos, demonstrativos). **(EF07LP13)** Estabelecer relações entre partes do texto, identificando substituições lexicais (de substantivos por sinônimos) ou pronominais (uso de pronomes anafóricos – pessoais, possessivos, demonstrativos), que contribuem para a continuidade do texto. **(EF08LP13)** Inferir efeitos de sentido decorrentes do uso de recursos de coesão sequencial: conjunções e articuladores textuais. **(EF08LP15)** Estabelecer relações entre partes do texto, identificando o antecedente de um pronome relativo ou o referente comum de uma cadeia de substituições lexicais. **(EF89LP29)** Utilizar e perceber mecanismos de progressão temática, tais como retomadas anafóricas ("que, cujo, onde", pronomes do caso reto e oblíquos, pronomes demonstrativos, nomes correferentes etc.), catáforas (remetendo para adiante ao invés de retomar o já dito), uso de organizadores textuais, de coesivos etc., e analisar os mecanismos de reformulação e paráfrase utilizados nos textos de divulgação do conhecimento.
As palavras e seus significados	**(EF05LP08)** Diferenciar palavras primitivas, derivadas e compostas, e derivadas por adição de prefixo e de sufixo. **(EF35LP12)** Recorrer ao dicionário para esclarecer dúvida sobre a escrita de palavras, especialmente no caso de palavras com relações irregulares fonema--grafema. **(EF67LP35)** Distinguir palavras derivadas por acréscimo de afixos e palavras compostas. **(EF07LP03)** Formar, com base em palavras primitivas, palavras derivadas com os prefixos e sufixos mais produtivos no português. **(EF08LP05)** Analisar processos de formação de palavras por composição (aglutinação e justaposição), apropriando-se de regras básicas de uso do hífen em palavras compostas.

Outros recursos	**(EF35LP30)** Diferenciar discurso indireto e discurso direto, determinando o efeito de sentido de verbos de enunciação e explicando o uso de variedades linguísticas no discurso direto, quando for o caso. **(EF69LP17)** Perceber e analisar os recursos estilísticos e semióticos dos gêneros jornalísticos e publicitários, os aspectos relativos ao tratamento da informação em notícias, como a ordenação dos eventos, as escolhas lexicais, o efeito de imparcialidade do relato, a morfologia do verbo, em textos noticiosos e argumentativos, reconhecendo marcas de pessoa, número, tempo, modo, a distribuição dos verbos nos gêneros textuais (por exemplo, as formas de pretérito em relatos; as formas de presente e futuro em gêneros argumentativos; as formas de imperativo em gêneros publicitários), o uso de recursos persuasivos em textos argumentativos diversos (como a elaboração do título, escolhas lexicais, construções metafóricas, a explicitação ou a ocultação de fontes de informação) e as estratégias de persuasão e apelo ao consumo com os recursos linguístico-discursivos utilizados (tempo verbal, jogos de palavras, metáforas, imagens). **(EF69LP42)** Analisar a construção composicional dos textos pertencentes a gêneros relacionados à divulgação de conhecimentos: título, (olho), introdução, divisão do texto em subtítulos, imagens ilustrativas de conceitos, relações, ou resultados complexos (fotos, ilustrações, esquemas, gráficos, infográficos, diagramas, figuras, tabelas, mapas) etc., exposição, contendo definições, descrições, comparações, enumerações, exemplificações e remissões a conceitos e relações por meio de notas de rodapé, boxes ou *links*; ou título, contextualização do campo, ordenação temporal ou temática por tema ou subtema, intercalação de trechos verbais com fotos, ilustrações, áudios, vídeos etc. e reconhecer traços da linguagem dos textos de divulgação científica, fazendo uso consciente das estratégias de impessoalização da linguagem (ou de pessoalização, se o tipo de publicação e objetivos assim o demandarem, como em alguns podcasts e vídeos de divulgação científica), 3ª pessoa, presente atemporal, recurso à citação, uso de vocabulário técnico/especializado etc., como forma de ampliar suas capacidades de compreensão e produção de textos nesses gêneros. **(EF69LP43)** Identificar e utilizar os modos de introdução de outras vozes no texto - citação literal e sua formatação e paráfrase -, as pistas linguísticas responsáveis por introduzir no texto a posição do autor e dos outros autores citados ("Segundo X; De acordo com Y; De minha/nossa parte, penso/amos que"...) e os elementos de normatização (tais como as regras de inclusão e formatação de citações e paráfrases, de organização de referências bibliográficas) em textos científicos, desenvolvendo reflexão sobre o modo como a intertextualidade e a retextualização ocorrem nesses textos. **(EF07LP14)** Identificar, em textos, os efeitos de sentido do uso de estratégias de modalização e argumentatividade. **(EF08LP16)** Explicar os efeitos de sentido do uso, em textos, de estratégias de modalização e argumentatividade (sinais de pontuação, adjetivos, substantivos, expressões de grau, verbos e perífrases verbais, advérbios etc.). **(EF89LP16)** Analisar a modalização realizada em textos noticiosos e argumentativos, por meio das modalidades apreciativas, viabilizadas por classes e estruturas gramaticais como adjetivos, locuções adjetivas, advérbios, locuções adverbiais, orações adjetivas e adverbiais, orações relativas restritivas e explicativas etc., de maneira a perceber a apreciação ideológica sobre os fatos noticiados ou as posições implícitas ou assumidas. **(EF89LP29)** Utilizar e perceber mecanismos de progressão temática, tais como retomadas anafóricas ("que, cujo, onde", pronomes do caso reto e oblíquos, pronomes demonstrativos, nomes correferentes etc.), catáforas (remetendo para adiante ao invés de retomar o já dito), uso de organizadores textuais, de coesivos etc., e analisar os mecanismos de reformulação e paráfrase utilizados nos textos de divulgação do conhecimento.